Mit Gelassenheit zum Erfolg

Mit mentaler Stärke mehr erreichen

Christian Bremer

C.H.BECK

So nutzen Sie dieses Buch

Die folgenden Elemente erleichtern Ihnen die Orientierung im Buch:

Beispiele und Übungen

In diesem Buch finden Sie Beispiele und Übungen, die die geschilderten Sachverhalte veranschaulichen.

! Die Merkkästen enthalten Empfehlungen und hilfreiche Tipps.

Aufgaben und Denkanstöße

Am Ende jedes Kapitels finden Sie konkrete Anleitungen, die Ihnen helfen, das Gelesene anzuwenden.

Inhalt

Vorwort

Glauben Sie an Wunder? Als Schüler habe ich meine Lehrerin einmal gefragt: „Warum gibt es Wunder nur in der Bibel und heute nicht mehr?" Ihre Antwort: „Weil es Wunder im echten Leben nicht gibt!"

Das sehe ich anders. Wenn Sie dieses Buch lesen und eine Auswahl der praktischen Prinzipien und Techniken ausprobieren, dann werden Sie Wunder erleben. Denn Sie werden sich wundern, dass Sie gelassen bleiben können. Sie werden sich wundern, wie leicht es ist, sich weniger zu ärgern, sich weniger Sorgen zu machen und weniger Zeitdruck zu haben. Sie werden sich wundern, wie viel Sie schaffen, ohne dabei Stress zu haben. Vieles, was Sie sich jetzt vielleicht gar nicht vorstellen können, wird in Ihrem Leben Realität.

Wahre Wunder bestehen nicht darin, über Wasser gehen, die Zukunft vorhersehen oder aus Wasser Wein machen zu können. Wahre Wunder bestehen darin, dass wir Menschen mit unserem Verstand, unserer Lebenserfahrung, unseren Sehnsüchten und Wünschen unsere Zukunft gestalten können. Wir Menschen können mit unserem Verstand planen, wie wir in sechs Wochen, sechs Monaten oder einem Jahr sein wollen. Wir können bewusst wahrnehmen, wie es uns geht, und uns überlegen, was wir tun können, damit es uns besser geht. Wir können uns vornehmen, was wir lernen und beherrschen wollen. Nutzen Sie dieses Geschenk täglich.

Wenn Sie oft Stress in Ihr Leben lassen, ist es kein Wunder, wenn Sie sich nicht ausgeglichen, gesund und glücklich fühlen. Maximieren Sie Ihre Gelassenheit Schritt für Schritt und Sie werden sich wundern, was in Ihnen steckt.

Betrachten Sie diese Steigerung Ihrer Gelassenheit als eine Reise, die schon auf dem Weg zum Ziel ein Genuss ist und Freude bereitet. Denn Sie können nicht morgen oder in einer Woche gelassen sein – Sie können es nur heute sein.

Bei Ihrer Reise wünsche ich Ihnen viel Erfolg. Wenn Sie mir Ihre Erfahrungen und Erlebnisse mitteilen wollen, schreiben Sie mir unter cb@christian-bremer.de.

Gelassenheit siegt!

Gelassenheit kann jeder lernen

*„Beginne mit dem Notwendigen, dann mit dem Möglichen
und plötzlich wirst du das Unmögliche tun."*
Franz von Assisi, Ordensgründer und Heiliger

Die meisten Menschen glauben, dass vor allem Faktoren wie Erfolg oder Gesundheit zu einem erfüllten Leben führen. Gelassenheit spielt dabei in der Regel eine Nebenrolle und wird allenfalls als i-Tüpfelchen verstanden. Die Formel hierfür lautet:

- Erfülltes Leben = Erfolg + Gelassenheit

Wenn ein Mensch bei dieser Summe einen Erfolg in Höhe von 95 Punkten (von 100 möglichen) hat, ändert die Addition von einer gering ausgeprägten Gelassenheit in Höhe von 0 nichts am hohen Ergebnis.

Doch dies ist ein großes Missverständnis: Denn die Formel lautet in Wirklichkeit anders:

- Erfülltes Leben = Erfolg × Gelassenheit

Bei diesem Produkt ergibt eine Gelassenheit von 0 auch für das erfüllte Leben ein Ergebnis von 0. Denn was haben Sie davon, wenn Sie sehr erfolgreich sind, diesen Erfolg aber aufgrund Ihres Stresses und Ärgers nicht genießen können? Was haben Sie davon, wenn Sie alle Ihre Karriereziele erreicht haben, dabei aber aufgrund Ihres Stresses krank wurden?

In diesem Buch erfahren Sie, wie Sie Ihren Erfolg und Ihre Gelassenheit sich gegenseitig verstärken lassen. Denn Erfolg braucht Gelassenheit.

Gelassenheit ist eine wichtige Voraussetzung für ein erfülltes und damit glückliches, gesundes und erfolgreiches Leben nach eigener Vorstellung.

Ein erfülltes Leben ohne Stress gibt es nicht. Es ergibt daher keinen Sinn, gegen Stress zu sein und ihn aus seinem Leben verbannen zu wollen. Erst wenn sich ein Mensch seinem Stress ehrlich interessiert zuwendet und das Wertvolle in ihm sucht, kann er auch lernen, gelassen zu sein. Es geht darum, mit aufkommendem Stress produktiv, gesund und konstruktiv umzugehen.

Menschen, die ihrem Stress offen und interessiert begegnen, fühlen sich wohler, entspannter, lernen jeden Tag dazu, schöpfen ihre Möglichkeiten zu 100 Prozent aus und leben im Einklang mit dem, was im Leben passiert.

Mit diesem Buch möchte ich Sie dabei unterstützen, gelassener zu sein und die Lücke zwischen Wunsch und Wirklichkeit zu schließen. Denn meiner Erfahrung nach ist all das möglich, was man wirklich will. Wenn Sie etwas wirklich wollen, dann rufen Sie all Ihr Wissen ab und sind automatisch bereit, Zeit und Energie zu investieren.

Ich bin fest davon überzeugt, dass jeder Mensch in Situationen, in denen er gestresst ist, auch gelassen sein kann. Allerdings kann dies nur aus eigener Kraft gelingen.

Sie müssen jetzt gar nicht alles glauben, was ich Ihnen sage. Probieren Sie besser die Ideen und Tipps in diesem

Buch für sich und auf Ihre Weise aus! Lassen Sie sich inspirieren!

Dieses Buch vermittelt Ihnen alles, was Sie für mehr Gelassenheit benötigen: das Wissen um die vier goldenen Regeln, die notwendige Einstellung und die nötigen Techniken. Nutzen Sie die Chance und wenden Sie meine Empfehlungen auf Ihre eigene Art und Weise an. Bedenken Sie dabei, dass Sie es für sich tun. Sie haben immer die Wahl, wie Sie Ihr Leben führen, und damit auch die Wahl, ob Sie gestresst oder gelassen sein wollen.

Sie können alles schaffen, wenn Sie es nur wollen: Sie wollten laufen lernen und haben es geschafft. Sie wollten sprechen lernen und haben es geschafft. Kurzum: Wann immer Sie etwas wirklich wollten, haben Sie es bekommen. Dafür hatten Sie einen starken Willen und Ausdauer: Sie blieben so lange am Ball, bis Sie es geschafft hatten. Warum sollte das nicht auch für Gelassenheit gelten?

Wie Sie dieses Buch am besten für sich nutzen

Dieses Buch können Sie auf zwei unterschiedliche Arten lesen – auf eine „nette" und eine nutzbringende. Bei der netten Variante nehmen Sie die Informationen wahr und verstehen sie, sagen: „Das war interessant" – und wenden sich anderen Dingen zu. Das ist zwar nett, bringt Sie in Ihrem Leben aber nicht zu mehr Gelassenheit und Erfolg. Das ist ungefähr so, als ob Sie eine Kopfschmerztablette vor sich liegen haben und sie nicht einnehmen. Sie wirkt nicht.

Die nutzbringende Version besteht darin, die Informationen nicht nur zu lesen, sondern auch anzuwenden. Ganz konkret. Durch Ausprobieren, Ausprobieren, Ausprobieren. Schauen Sie, was Sie anspricht, und verfolgen Sie diese Richtung. Ihr Herz wird Ihnen sagen, was Ihnen gut tut.

Wenn Sie glauben, dass das bei Ihnen sowieso nicht klappt, dann überlegen Sie, ob Sie das vor dem Ausprobieren wirklich wissen können. Verpflichten Sie sich zu bedingungslosem Einsatz für die eigene Gelassenheit! Tun Sie sich einen Gefallen und treffen Sie bewusst die Entscheidung, sich niemals mehr stressen zu lassen. Denn dafür sind Sie viel zu wertvoll. Dieses Buch hilft Ihnen, diese lebensverändernde Entscheidung zu treffen.

Wenn Sie jetzt damit beginnen, sich um Ihre Gelassenheit zu kümmern, halten Sie sich an Coco Chanel: „Wenn man ohne Flügel geboren wurde, darf man sie nicht am Wachsen hindern."

Wenn Sie Ihre ersten Schritte gegangen sind und spüren, dass Ihr Leben aufgrund Ihrer größeren Gelassenheit noch schöner und lebenswerter geworden ist, dann freue ich mich über Ihr Feedback unter info@christian-bremer.de.

Möchten Sie die Inhalte dieses Buches weiter vertiefen und so noch mehr für Ihren Erfolg und Ihre Gelassenheit tun? Dann nutzen Sie dafür die praktischen Videos, die speziell zu diesem Buch produziert wurden. Sie finden Sie unter www.christian-bremer.de/buchvideos.

Das Wesen der Gelassenheit

„Gelassenheit ist eine anmutige Form des Selbstbewusstseins."
Marie von Ebner-Eschenbach, Schriftstellerin

Was ist Gelassenheit?

Gelassenheit ist nicht nur ein intensives Gefühl, sondern auch eine Form von Glück. Sie ist unabhängig von den äußeren Umständen. Gelassenheit ist ein Gefühl des Wohlbefindens, der inneren Ruhe, des Bei-sich-Seins, der Klarheit. Sie bedeutet, im Einklang mit dem Leben zu sein. In Unabhängigkeit von dem, was im Leben passiert, ist ein gelassener Mensch offen für das, was passiert. Ein gelassener Zustand ist kraftvoll, wach, aktiv und energiegeladen. Gelassenheit ist daher eine Voraussetzung für ein glückliches Leben und großen Erfolg. Denn sie ermöglicht einen klaren Kopf, gute Entscheidungen und große Aktivität. Aber Gelassenheit ist auch ein bestimmter Stil, sein Leben zu führen. Gelassenheit ist ein Wert und eine Grundhaltung, mit der das Leben zu einem Meisterwerk werden kann.

Gelassenheit existiert nur im Hier und Jetzt als ein energiegeladener Zustand. Das Schönste an Gelassenheit ist, dass sie immer in uns und um uns herum ist. Wir müssen nirgendwo hingehen oder an irgendetwas glauben, um gelassen zu sein und gelassen zu leben. Gelassenheit ist eine unerschöpfliche Energiequelle, die uns umgibt wie das Wasser den Fisch. Sobald wir offen für sie sind, spüren wir sie in jedem Teil unseres Körpers.

> **Stellen Sie sich vor ...**
>
> *..., Sie wären ein Fisch, der nicht weiß, dass er von Wasser umgeben ist, und wären auf der Suche nach Wasser. Könnten Sie es dann finden? Wohl kaum: Sie würden immer nur hektisch herumschwimmen und es suchen, ohne es jemals finden zu können.*

Und Gelassenheit umgibt Sie immer, so wie das Wasser immer den Fisch umgibt. Sie müssen begreifen, dass Sie sie nicht zu suchen brauchen – sie ist schon da. Sie sind von Gelassenheit genauso umgeben wie von Luft. Gelassenheit ist nichts, was Sie erreichen können oder lernen müssen. Sie ist ein natürlicher Zustand. Sie müssen sie nicht zu Ihrem Leben hinzufügen, nichts tun, nirgendwo hingehen und mit niemandem über sie sprechen, um gelassen zu sein.

> Gelassenheit umgibt Sie, so wie die Luft Sie umgibt. Sie ist immer da.

Wenn Sie sich über einen anderen Menschen ärgern und sehr aufgebracht sind, sind Sie genauso von Gelassenheit umgeben wie an einem Urlaubstag am Strand. Sie sehen sie nur nicht. Denn im verärgerten Zustand haben Sie keinen Zugang zu ihr.

Ist Gelassenheit manchen Menschen unmöglich?

Gelassenheit ist weder nur wenigen Menschen vorbehalten noch muss sie extra aufgebaut werden. Das Gegenteil ist der Fall: Gelassenheit ist jedem möglich und sie ist in jedem Menschen schon vorhanden. Betrachten Sie das bitte als eine sehr gute Nachricht.

Allerdings haben die meisten Menschen noch nicht wieder gelernt, diesen Kontakt zu spüren. Denn Gelassenheit ist auch eine gelernte Grundhaltung dem Leben gegenüber. Sie wurde uns zwar in die Wiege gelegt, doch dann haben wir sie verlernt: Der heitere Grundzustand der Gelassenheit wird im Laufe der Erziehung vom eigenen Ego verdrängt, indem es Stress produziert.

Gelassen zu sein bedeutet nicht, eine „Mir-egal-Haltung" zu haben oder sich Dinge schönzureden.

Was ist Stress?

Unter lebenspraktischen Gesichtspunkten ist Stress als Gegenteil von Gelassenheit ein unangenehmes Gefühl wie Überforderung, Unwohlsein, Wut, Ärger, Druck oder Angst. Stress bedeutet, sich gedanklich gegen das Leben zu stellen, sich mit ihm anzulegen und diesen Kampf immer zu verlieren. Auch Stress ist ein bestimmter Stil, sein Leben zu führen.

Aufgaben und Denkanstöße

Vervollständigen Sie die folgenden Sätze:

• Gelassenheit bedeutet für mich vor allem …

• In diesen fünf häufig wiederkehrenden Situationen verliere ich immer noch meine Gelassenheit: …

- Wenn ich meine Gelassenheit verliere, fühle ich mich …
- Ich möchte gelassener werden, weil ich dann folgende fünf Vorteile habe: …
- Gelassenheit ist mir möglich, weil …

Der Augenblick als Schlüssel zur Gelassenheit

Sie können nicht gelassener werden, Sie können nur gelassen sein. Nutzen Sie einen Augenblick Ihrer Zeit und denken Sie in Ruhe über Gelassenheit nach. Wo entsteht sie? Kann sie in der Vergangenheit existieren? Oder in der Zukunft? Halten Sie für einen Moment inne und erkennen Sie für sich, wann Ihre Gelassenheit entsteht.

Sie merken es: Gelassenheit kann nur im jeweiligen Moment entstehen. Jetzt, wo Sie diese Zeilen lesen, können Sie beschließen, sich der Gelassenheit zu öffnen. Sie können innehalten und die Augen schließen. Suchen Sie Ihre innere Gelassenheit, Ihre Ruhe, Ihre Entspannung. Und dann spüren Sie die Lebendigkeit der in Ihnen vorhandenen Gelassenheit. Sie war schon da, Sie mussten Sie nicht aufbauen.

! Hoffentlich gehören Sie nicht zu den vielen „Eines-Tages"-Menschen. Diese Menschen neigen dazu zu denken: „Jetzt ist kein guter Zeitpunkt, ich kümmere mich eines Tages darum." Doch die „Eines-Tages"-Straße führt in das „Niemals"-Land.

Kennen Sie die Geschichte, in der ein Mann in eine Bar kommt und das Schild mit der Aufschrift „Morgen gibt es Freibier" sieht? Er freut sich, bestellt nur ein Bier und beschließt, morgen wieder zu kommen und mehr zu trinken. Am nächsten Abend bestellt er sich nacheinander zwölf Bier und freut sich beim Trinken über den scheinbar kostenlosen Genuss. Doch als er sich bedankt und gehen will, wird er vom Wirt freundlich zur Kasse gebeten. Noch voller Freude sagt er: „Aber heute gibt es doch Freibier!" Doch der Wirt zeigt auf das Schild mit der Aufschrift „Morgen gibt es Freibier".

Sind Sie genauso überrascht wie der Gast? Es gibt in Wirklichkeit kein Morgen, sondern nur Heute oder noch genauer nur das Jetzt.

Wirkliche Gelassenheit gibt es nur im jeweiligen Moment, der jetzt lebendig ist. **!**

Wir Menschen können zwischen zwei sehr unterschiedlichen Zeitformen unterscheiden – der wirklichen Zeit und der Zeit, die wir uns vorstellen: der psychologischen Zeit.

Die wirkliche Zeit existiert ohne unser Zutun. Sonnenaufgang und Sonnenuntergang, die Jahreszeiten oder Jahrhunderte passieren einfach. Sie sind unveränderbar und passen sich unseren Vorstellungen und Wünschen nicht an.

Die psychologische Zeit jedoch ist subjektiv und existiert ausschließlich in unserer Vorstellung, unserem Verstand. Wenn ein Handwerker sagt: „Ich bin gleich zurück", dann spricht er von seiner Idee von „gleich". Wahrscheinlich werden Sie auch schon erlebt haben, dass dies ein dehnba-

rer Begriff ist und keinesfalls Ihrer Vorstellung von „gleich"
entsprechen muss.

 Zukunft und Vergangenheit sind nur Konzepte in unseren Köpfen.

Stellen Sie sich einen Zeitstrahl vor: links die Vergangenheit, rechts die Zukunft. Auf diesem Zeitstrahl wandert nun
langsam, stetig und unaufhaltsam von links nach rechts der
Augenblick wie der Strahl einer Taschenlampe. Nur wenn
der Lichtstrahl einen Punkt in Ihrer Vergangenheit oder
Zukunft berührt, wird dieser Moment lebendig.

Demnach waren Ereignisse in Ihrer Vergangenheit nur in
dem Augenblick wirklich, in dem sie vom Lichtstrahl, also
vom Jetzt, erfasst wurden. Und genauso verhält es sich
auch mit der Zukunft: Sie ist erst dann wirklich da und
erlebbar, wenn der Lichtstrahl der Gegenwart sie berührt.

Dies ist aus drei Gründen ein ganz elementarer Punkt:
Erstens leben viele Menschen mehr in der Vergangenheit
oder in der Zukunft – und weniger in der Gegenwart. Auf
diese Weise verpassen sie das wirkliche Leben im Jetzt, sie
verpassen die Schönheit des Augenblicks und die starke
Energie, die ihm innewohnt. Zweitens ist der Auslöser von
Stress selten der aktuelle Augenblick, sondern liegt in der
gedanklichen Vergangenheit oder Zukunft. Da drittens
echte Gelassenheit nur im Augenblick existiert, werden
diese Menschen nie wirklich gelassen sein können.

Vergangenheit und Zukunft sind eine wunderbare menschliche Erfindung. Sie ermöglichen es uns, durch Erinnerungen zu lernen und unser weiteres Leben in Teilen mitzugestalten, indem wir uns vorstellen, wie die Zukunft aussehen kann, und entsprechend im Jetzt handeln.

Verabredungen sind z. B. deutlich besser möglich, wenn wir einen Zeitplan aufstellen und sich alle nach Möglichkeit daran halten.

Doch Vergangenheit und Zukunft haben Grenzen, denn es gibt sie nicht wirklich. Aber das Leben gibt es wirklich, und wer es wirklich leben will, muss in ihm leben und nicht in der Vorstellungen von ihm.

Leben Sie im Einklang mit der wirklichen Zeit, indem Sie aufhören, Ihre Vorstellungen von ihr über sie zu stülpen. Die wirkliche Zeit – das Jetzt, der Augenblick – wird sich Ihren Vorstellungen, Wünschen oder Erwartungen nicht anpassen, sondern einfach seinen Eigenarten folgen.

Was ist der Nachteil von Erwartungen?

Wann immer Sie Erwartungen und Forderungen an die Zukunft oder die Vergangenheit haben und diese nicht eintreten oder eingetreten sind, dann verdeutlicht Ihnen das vor allem eines: „Erwartung" kommt von „warten". Sie können lange warten, bis sich die wirkliche Zeit an Ihre Erwartungen von ihr hält. Jahreszeiten kommen und gehen, ohne Sie nach Ihrer Meinung zu fragen, Menschen kommen und gehen, ohne Sie nach Ihrer Meinung zu fragen, ...

> Nur im Moment, in der Gegenwart, können Sie Ihre Zukunft mitgestalten und nur in der Gegenwart können Sie das in der Vergangenheit Gelernte anwenden.

Der Zugang zum Augenblick

Es ist überraschend leicht, in den Augenblick, das Jetzt, einzutreten. Sie brauchen sich dafür lediglich zu fragen: Atme ich noch? Die Antwort auf diese Frage geben Sie nicht im Verstand, also „ja, natürlich", sondern die Antwort spüren Sie. Vergewissern Sie sich also, dass Sie noch atmen. Erfühlen Sie, ob Sie noch atmen und was passiert, wenn Sie atmen. So werden Sie schnell bewusst feststellen, dass Sie noch atmen, und erleben den Moment.

Gelassenheit können Sie nur im gegenwärtigen Moment empfinden. Doch haben die wenigsten Menschen gelernt, den Moment zu spüren und ihn für sich und ihre Gelassenheit zu nutzen. Ein Schulfach namens „Gelassenheit" gibt es noch nicht. Sie haben eher gelernt, sich Sorgen über die Zukunft zu machen oder Menschen aus ihrer Vergangenheit anzuklagen. Das sorgt eher für Unwohlsein als für Gelassenheit.

Die gute Nachricht: Sie können ab jetzt ganz leicht mehr im Moment leben und damit eine Voraussetzung für Gelassenheit schaffen.

Wie lebe ich mehr im Moment?

Sie brauchen sich dafür nur täglich immer wieder diese Fragen zu stellen:

* Wie erlebe ich diesen Augenblick?

* Was empfinde ich im Augenblick?

Auf diese Weise fokussieren Sie sich auf das, was gerade passiert, und leben damit im Moment. Probieren Sie das immer wieder ohne Erwartungen an ein Ergebnis aus und stellen Sie fest, wie gut Ihnen die Antworten tun.

Es ist nicht schwer, im Augenblick zu leben und damit die wichtigste Voraussetzung für echte Gelassenheit zu schaffen.

Aufgaben und Denkanstöße

Vervollständigen Sie die folgenden Sätze:

* Die Tatsache, dass es in Wirklichkeit nur den Moment gibt, hat für mein Leben folgende Bedeutung: …

* Wenn ich mehr im Moment lebe, habe ich folgende drei große Vorteile: …

* Die Übung, im Moment zu sein, kann ich an folgenden drei Stellen in meinen Alltag einbauen: …

* Was mich gelassen auf meine Zukunft blicken lässt, ist …

Gestresst?
Machen Sie das Beste draus!

Wodurch entsteht Stress überhaupt?

> *„Nicht die Dinge an sich beunruhigen den Menschen,*
> *sondern seine Sicht der Dinge."*
> *Epiktet, Philosoph*

Werden Sie automatisch gelassen, wenn Sie alle Bücher über Gelassenheit lesen? Sicherlich nicht, denn echte, tiefe Gelassenheit lebt nur im Herzen und nicht im Verstand. Der Verstand hilft lediglich als Werkzeug, ist aber nicht der Entstehungsort der Gelassenheit.

Um diesen Zusammenhang vollständig zu begreifen, halten Sie einen Augenblick inne, nachdem Sie den folgenden Absatz gelesen haben, und beobachten Sie, welche Ideen in Ihnen über das Gelesene auftauchen.

Wie können Sie gestresst sein, ohne zu denken?

Denken Sie an eine Situation aus Ihrer Vergangenheit zurück, in der Sie nicht gelassen, sondern gestresst waren. Welche Bilder tauchen vor Ihrem inneren Auge auf, welche Menschen waren dabei, waren Sie drinnen oder draußen, …? Nun stellen Sie sich dieselbe Situation vor, ohne dass sich irgendetwas geändert hat, außer einem einzigen Aspekt: Sie können in der Situation nicht denken. Fragen Sie sich selbst: Wie kann ich gestresst sein, ohne zu denken?

Wenn Sie gerade innegehalten haben und still geworden sind, dann konnten Sie Folgendes feststellen: Sie können nicht gestresst sein, ohne zu denken. Es ist unmöglich.

Damit wissen Sie nun, dass Sie Stress zwar als Gefühl erleben, die Ursache dafür aber zu 100 Prozent im Verstand liegt. Denn Gedanken wie beispielsweise Erwartungen an andere werden in Ihrem Verstand produziert.

> **!** Erst der Gedanke, dann das Gefühl.

Sind Sie noch skeptisch?

Dann führen Sie das kleine Experiment erneut durch und denken dabei an einen Menschen, der Sie öfters stresst und Sie aus Ihrer Gelassenheit bringt. Was tut er, was sagt er, wie verhält er sich, welche Gestik oder Mimik stört Sie an ihm? Und nun stoppen Sie die Sequenz und fragen Sie sich: Wie kann ich in der Situation gestresst sein, ohne zu denken? Nehmen Sie sich Zeit und beantworten Sie die Frage ehrlich und ganz in Ruhe. Sie werden feststellen: Ich kann mich nur über die Person aufregen, wenn ich etwas über sie denke.

Mit dieser Erfahrung können Sie die Ursache für Ihren Stress nicht mehr außerhalb Ihrer selbst, sondern an einem völlig neuen Ort suchen: in Ihrem Verstand. Wenn Sie die Ursache für Stress außerhalb Ihrer selbst suchen, werden Sie nie wirklich fündig, sondern suchen ewig, ohne jemals die wahre Ursache zu erkennen.

Die Ursache für Stress liegt zu 100 Prozent in Ihrem Denken.

Hierfür gibt es einen weiteren Beleg: Wenn zwei Menschen in ein und derselben Situation sind, erleben sie diese oft völlig verschieden. Was für den einen ganz „normal" ist, erlebt der andere bereits als „unmöglich". Dass beide dieselbe Situation mit ganz unterschiedlichen Gefühlen erleben, hat mit der unterschiedlichen Denkweise und damit dem subjektiven Erleben der Situation im Verstand zu tun. Setzt der Verstand ein Pluszeichen vor die Situation, wird die Situation als positiv erlebt – setzt der Verstand ein Minuszeichen, als negativ.

Wahrscheinlich widerspricht das größtenteils allem, was Sie bisher über Stress gehört, gelernt und damit geglaubt haben. Denn Sätze wie „Meine Arbeit macht mich krank", „Meine Kinder bringen mich an meine Grenzen" oder „Die Bahn raubt mir den letzten Nerv" sind häufiger zu hören als „Meine Gedanken über meine Arbeit machen mich krank", „Meine Gedanken über meine Kinder machen mich krank" oder „Meine Gedanken über die Bahn rauben mir den letzten Nerv".

Gönnen Sie sich noch einen Augenblick der Achtsamkeit und stellen Sie sich diese drei Beispielsituationen vor. Fragen Sie sich dann: „Wie kann ein Mensch in dieser Situation gestresst sein, ohne zu denken?"

Das, was nach dem Denken wieder Raum bekommt, ist das Gefühl der Gelassenheit. Der Raum kann genutzt werden zum Nachdenken über Lösungen, zum Finden neuer Per-

spektiven oder zum Erfinden von neuen Verhaltensweisen.
Das ist die Kunst der Gelassenheit.

Aufgaben und Denkanstöße

Vervollständigen Sie die folgenden Sätze:

- Die Idee „erst der Gedanke, dann das Gefühl" ergibt
  für mich aus folgenden Gründen Sinn: …

- Vor diese fünf Situationen mit anderen Menschen set-
  ze ich häufig ein Minuszeichen: …

- Als Resultat fühle ich mich dann …

- Ich habe folgende gute Gründe, vor diese Situationen
  ein Pluszeichen zu setzen: …
  (Nennen Sie jeweils drei Gründe pro Situation.)

Stress entsteht im Kopf

*„Wir sind, was wir denken. Alles, was wir sind, entsteht aus un-
seren Gedanken. Mit unseren Gedanken formen wir die Welt."*
                                                        Buddha

Sie müssen etwas denken, um gestresst zu sein, weil Stress
im Verstand entsteht. Als wir Menschen noch täglich von
Säbelzahntigern und anderen lebensbedrohlichen Gefahren umgeben waren, war es gut, blitzschnell zwischen
Freund und Feind unterscheiden zu können. Bei der Wahl
zwischen Laufen, Kaufen oder Schockstarre kam es auf
Millisekunden an, die über Leben und Tod entschieden. Ob
ein plötzliches Geräusch auf einen Feind hinwies, konnten

wir durch eine Bewertung des Geräusches feststellen und entsprechend handeln.

Dies ist bis heute eine wunderbare Fähigkeit des Gehirns. Jedoch haben wir Menschen noch nicht ausreichend gelernt, bewusst damit umzugehen. Denn obwohl in unserem heutigen Alltag vergleichbare Gefahren kaum noch auftreten, läuft diese Funktion von Bewertung und Alarm im Verstand immer noch automatisch ab. Hierbei ersetzt der Verstand die damaligen Säbelzahntiger durch Kollegen, Ehepartner oder Kinder.

Damit Sie öfter gelassen bleiben können, müssen Sie die Entstehung Ihres Stresses begreifen. Denn nur wenn Sie wissen, wo Sie ansetzen müssen, können Sie gezielt etwas ändern.

Dass Stress nur im Moment, im Jetzt, im Augenblick entstehen kann, haben Sie bereits erfahren. Und Sie wissen, wann Stress entsteht und Gelassenheit weicht.

Byron Katie, eine aus Kalifornien stammende Expertin im Bereich Stress, sagt gerne humorvoll: „Wir sind die Ursache für unseren Stress, aber nur zu 100 Prozent."

Sie können sich die Entstehung von Stress in drei Phasen vorstellen: Im Leben passiert etwas (1), Sie bewerten es (2) und fühlen sich gemäß Ihrer Bewertung entweder gelassen oder gestresst (3). Dass diese Phasen so einfach wie wirkungsvoll sind, sehen Sie selbst an einem Beispiel:

Ein Brief vom Finanzamt

• *Phase 1: Das wirkliche Leben*
Im Leben passiert etwas: Sie erhalten einen Brief vom Finanzamt mit einer unerwartet hohen Zahlungsaufforderung.

- *Phase 2: Ihre Bewertung*

Sie bewerten es: Sobald Sie den Brief lesen, erklärt und bewertet Ihr Verstand das, was passiert und passieren kann. Er tut dies automatisch und kommt als Voraussetzung für Stress auf eine spontane Negativbewertungen wie z. B.: „Die Forderung des Finanzamtes werde ich nicht bezahlen können."

- *Phase 3: Das Gefühl*

Das passende Gefühl: Die spontane, automatische und blitzschnelle Bewertung führt zu einem Gefühl der Angst, Sorge, Übellaunigkeit oder Ohnmacht.

Kann gegen diese spontane Bewertung etwas unternommen werden? Nein, denn diese Reaktion ist biologisch bestimmt. Die Reaktion, bestehend aus Wahrnehmung, Bewertung und Gefühl, läuft automatisch und blitzschnell ab. Erst im Rückblick können Sie Ihren Verstand bewusst einsetzen und sich überlegen, wie Sie noch hätten reagieren können. Denn unter Gefahr kommt es auf Schnelligkeit an. Wenn unsere Vorfahren seinerzeit ein Geräusch, das auf einen Säbelzahntiger hinweist, erst umfassend in all seinen Facetten betrachtet hätten, hätte unsere Spezies vermutlich nicht überlebt. Weil es hier vor allem auf Schnelligkeit ankommt, ist für eine komplexe, bewusste und reflektierte Überlegung mit anschließender ausgewogener Bewertung keine Zeit.

> Gegen die spontane Bewertung können Sie zunächst einmal nichts tun. Nehmen Sie sie einfach bewusst wahr.

Dieses einfache Modell führt Sie zu drei wertvollen Einsichten, aufgrund derer Sie stets gelassen reagieren können:

Erstens bringt nicht das Leben an sich Sie aus Ihrem natürlichen Zustand des Friedens und der Gelassenheit, sondern Ihre persönliche Bewertung dessen, was im Leben passiert. Es ist also – um beim obigen Beispiel zu bleiben – nicht der Brief an sich, der Sie stresst. Erst mit Ihrer Bewertung stressen Sie sich selbst – und das ist eine gute Nachricht. Denn jetzt können Sie aus eigener Kraft etwas verändern, indem Sie Ihre Bewertung der Situation bewusst gestalten.

Zweitens ist die Bewertung der Umstände nicht fest definiert, sondern gelernt: Anhand Ihrer gelernten Glaubenssätze bewerten Sie das Leben, nicht aufgrund einer in Stein gemeißelten und unveränderbaren Betrachtungsweise. Ein Mensch mit dem Glaubenssatz „Ich kann nicht mit Geld umgehen" wird anders reagieren als ein Mensch mit dem Glaubenssatz „Ich manage meine Finanzen mit Leichtigkeit". Dass Sie bewerten, ist biologisch bestimmt – nicht aber, wie Sie bewerten.

Was ist so eine Bewertung?

Schließen Sie für einen Augenblick die Augen. Nehmen Sie dann die Geräusche um sich herum wahr. Können Sie beobachten, dass Ihr Verstand jedes Geräusch, das an Ihre Ohren dringt, spontan und automatisch bewertet? Probieren Sie es aus und Sie werden feststellen, dass Ihr Verstand jedes Geräusch unmittelbar erklärt. Vor Ihrem inneren Auge formt er Bilder von den Dingen, die seiner Meinung nach die Geräusche produzieren. Ihr Verstand ist sich dessen sicher. Doch wie können Sie sich mit geschlossenen Augen sicher sein, dass diese Erklärungen auch stimmen?

Drittens ist Stress-Gefühl nichts Schlechtes, sondern ein Weckruf: „Deine Bewertung bringt dich dazu, dich nicht gut zu fühlen. Prüfe, ob du etwas daran ändern kannst oder ob eine andere Bewertung angemessener, zutreffender und damit friedlicher wäre." Dieser Weckruf sagt Ihnen, dass Sie sich im Verstand gerade mit der Wirklichkeit anlegen und diesen Kampf nur verlieren können. Das Stress-Gefühl weist Sie klar darauf hin, dass Sie sich für eine von zwei Möglichkeiten entscheiden können und sollten: Entweder Sie verändern etwas in der Wirklichkeit oder Sie verändern Ihre Bewertung der Wirklichkeit.

Wenn Sie das nächste Mal gestresst sind, halten Sie inne, sobald es Ihnen möglich ist, und beantworten sich zunächst einmal die Frage: Kann ich etwas tun, um die tatsächlichen Umstände zu ändern? Wenn ja, ändern Sie es und Sie haben keinen Stress mehr. Wenn Sie nichts tun können, beantworten Sie sich die folgende Frage: Was ist das Gute an der Situation? Manchmal kommen Sie nicht sofort darauf – nehmen Sie sich deshalb bei nächster Gelegenheit Zeit und überlegen Sie. Die wunderbare Nachricht hierbei lautet: Eines von beidem können Sie immer tun. Entweder Sie ändern die Situation oder Ihre Bewertung der Situation.

Wenn es Ihnen noch schwerfällt zu sehen, dass Stress nicht außerhalb Ihrer selbst entsteht, sondern „hausgemacht" ist, beantworten Sie sich folgende Frage: Wie kann mich der Brief vom Finanzamt ohne mein Zutun stressen? Dies ist unmöglich, denn der Brief an sich kann ja gar nichts. Es ist nur ein Gegenstand, den wir „Papier" nennen, und auf ihm ist Farbe, die wir „Schrift" nennen. Diese Dinge können nichts. Erst aufgrund unserer jeweiligen Bewertung dieser Dinge können wir gelassen bleiben, wütend werden oder verärgert sein.

Sehr treffend formulierte es der amerikanische Psychotherapeut und Autor Wayne Dyer: „Verändere die Betrachtungsweise von Dingen und die Dinge, die du betrachtest, werden sich ändern."

Das ist auch der Grund, warum Menschen in ein und derselben Situation so unterschiedlich reagieren. Was den einen aufgrund seiner positiven Bewertung gelassen bleiben lässt, lässt den anderen aufgrund einer negativen Bewertung Stress empfinden. Und sogar ein und derselbe Mensch kann in derselben Situation völlig unterschiedlich reagieren. Bei guter Tagesform werden Sie eine Situation eher positiv bewerten, bei schlechter Tagesform werten Sie eher negativ.

Aufgaben und Denkanstöße

Vervollständigen Sie die folgenden Sätze:

- In potenzielle Stresssituationen gerate ich vor allem, wenn …

- Mein Leben wäre aus folgenden fünf Gründen schöner, wenn ich seltener gestresst wäre: …

- Wenn ich gestresst bin, neige ich vor allem dazu, …

- Wenn ich unter Stress ruhiger wäre, hätte ich folgende fünf große Vorteile: …

Was Sie aus Stress lernen können

> *„Das Leben besteht aus dem,*
> *woran der Mensch den ganzen Tag denkt."*
> *Ralph Waldo Emerson, Philosoph*

Wussten Sie, dass Stress auch ein Geschenk sein kann? Gelassenheit als Geschenk zu sehen, wird Ihnen sicher leichtfallen. Doch Stress als Geschenk anzusehen, ist eine ungewöhnliche Sichtweise. Vor allem dann, wenn sich dies auch ausdrücklich auf den sogenannten „negativen" Stress wie Ärger, Druck, Zeitnot, Sorgen oder Überarbeitungsgefühle bezieht. Die meisten Menschen betrachten diesen Stress als etwas Unangenehmes und Vermeidenswertes.

Versuchen Sie doch in der nächsten Stresssituationen einmal, die positiven Seiten daran zu entdecken und sich so an Gelassenheit heranzutasten. Die folgenden Kapitel helfen Ihnen dabei.

Einfluss- und Interessenzone unterscheiden

In jeder Stresssituation gibt es immer eine persönliche Einfluss- und eine persönliche Interessenzone. Stress wirkt auch hier wie ein effektiver Weckruf, denn unter Stress verwechseln Sie oft vorschnell Ihre Einfluss- mit Ihrer Interessenzone: Wenn das Finanzamt von Ihnen eine Nachzahlung verlangt, ist das nicht Ihre Einflusszone. Es ist bloß Ihre Interessenzone, weil Sie möglichst wenig Steuern bezahlen wollen – die Gesetze werden aber von anderen gemacht. Der gewagte Fahrstil Ihres Vordermannes ist nicht Ihre Einflusszone. Es ist bloß Ihre Interessenzone, weil Sie pünktlich und sicher ankommen wollen – Gas und Bremse werden aber von Ihrem Vordermann bedient. Auch der Führungsstil des Chefs ist nicht Ihre Einflusszone. Er ist bloß Ihre Interessenzone, weil Sie beispielsweise gerne gelobt und gut informiert werden wollen – der Führungsstil wird aber von der Persönlichkeit, Haltung und Sachkenntnis Ihres Chefs bestimmt.

Wenn Sie prüfen wollen, ob das Geschenk in Ihrer Stresssituation in der Erkenntnis liegt, dass Sie Einfluss- und Interessenzone verwechseln, beantworten Sie sich diese beiden Fragen:

• Bin ich gerade mit meiner Sichtweise außerhalb meiner Einflusszone?

• Was ist jetzt meine Einflusszone?

Auf diese Weise erkennen Sie die Verwechslung und tun dann gelassen und höchst aktiv das, was Ihnen in Wirklichkeit möglich ist.

Lästige Angewohnheiten ablegen

Als Sie auf die Welt kamen, war Ihr Verstand wie ein leeres Wasserglas, das im Laufe der Zeit automatisch von anderen Menschen gefüllt wurde. Ab dem Moment unserer Geburt bekommen wir viele Informationen verabreicht, die wir als Kind ungeprüft übernehmen müssen. Diese Informationen betreffen nicht nur uns selbst und bestimmen damit unser Selbstbild, sondern so entstehen auch die größten Teile unseres Menschen- und Weltbildes. Natürlich können Sie es noch verändern, jedoch bekamen Sie es erst mal so „eingetrichtert".

Wann erhalten Sie diese Informationen?

Die meisten dieser Informationen erhielten Sie im Alter von drei bis sieben Jahren. Zu dieser Zeit hatten Sie nicht die Möglichkeit zu sagen: „Liebe Eltern, ich bin dankbar, dass ihr mir eure persönliche Sichtweise über die Welt nun zum wiederholten Male erzählt habt. Ich habe eure subjektive Perspektive gehört und werde sie wohlwollend prüfen. Mir ist bewusst, dass ihr es nur gut meint, und wenn ich eure Sicht ablehnen sollte, dann ist das die Folge eines wohl-überlegten Prozesses der Abwägung." Nein, Sie haben die Ansichten Ihrer Eltern einfach übernommen, ohne sie zu hinterfragen.

Viele von diesen Informationen führen zu Gewohnheiten, die uns immer wieder dazu veranlassen, gestresst zu reagieren.

Solche Gewohnheiten sind beispielsweise

- sich zu viel vorzunehmen,

- stets für andere da zu sein,

- sich keine Zeit für sich selbst zu nehmen oder

- niemals Nein zu sagen.

Diese oder ähnliche Gewohnheiten sind bei vielen Menschen zu beobachten, weil die meisten von uns Ihr Wissen über Gelassenheit, Stress, Entspannung und Balance von Menschen haben, die selbst nicht entspannt, nicht gelassen und auch nicht in Balance sind. Diese wussten es einfach nicht besser. Und wie hätten Ihre Eltern und Lehrer Ihnen etwas anderes über Gelassenheit beibringen können als das, was sie wussten?

Um herauszufinden, welche Gewohnheiten bei Ihnen immer wieder zu Stress führen, beobachten Sie sich ab jetzt einige Tage lang und erstellen Sie jeweils am Abend eine Liste von tagsüber als stressvoll erlebten Situationen. Wenn Sie ca. dreißig Beispielsituationen gesammelt haben, gruppieren Sie diese, indem Sie deren Gemeinsamkeiten suchen. Überlegen Sie sich dann, welche „inneren Programme" diese wiederkehrenden Situationen auslösen. Schreiben Sie diese auf und formulieren Sie für jedes Programm sein genaues Gegenteil.

Zum Beispiel:

- Ich nehme mir zu viel vor. → Ich nehme mir so viel vor, wie ich (ohne Stress) schaffen kann.

- Ich glaube, stets für andere da sein zu müssen. → Ich bin für mich da.

- Ich nehme mir keine Zeit für mich. → Ich nehme mir Zeit für mich.

- Ich sage oft Ja, obwohl ich eher Nein meine. → Ich sage Nein.

Beginnen Sie dann, diese neuen Programme bei vertrauten Personen auszuprobieren. So werden Sie feststellen, dass die Welt Ihnen trotz der neuen Programme nicht auf den Kopf fällt.

Stressbewältigung lernen

Gelassenheit ist immer da – Sie verlieren unter Stress lediglich den Zugang zu ihr. Das liegt einfach daran, dass Sie für

Situationen, in denen Sie Stress statt Gelassenheit empfinden, noch keinen passenden Schlüssel haben.

Der Stress will Ihnen sagen: „Um diese Situation jetzt und zukünftig gelassen zu bewältigen, musst du vorher noch etwas lernen." Im Leben ist es sehr oft so, dass die Stress auslösenden Situationen erstens wiederkehrend und zweitens nicht abwendbar sind. Denn egal mit wem Sie arbeiten oder zusammenleben, es wird immer zu Konflikten kommen. Egal wie gut Sie eine Aufgabe beherrschen, es kommt immer zu Fehlern. Sie werden so lange Stress empfinden, bis Sie gelernt haben, mit Konflikten oder den eigenen Fehlern produktiv umzugehen. Sobald Sie gelernt haben, mit dem, was Sie stresst, friedlich umzugehen, löst sich der Stress auf.

Eine Situation bleibt also so lange Stress auslösend, bis Sie gelernt haben, sie gelassen zu bewältigen.

Wie ist diese Idee in der Praxis umzusetzen?

Stellen Sie sich die folgenden Fragen, um an das Wissen zu gelangen, das Ihnen eine gelassene Bewältigung der Situation ermöglicht:

• Wann war ich schon einmal in einer ähnlichen Situation und habe sie überlebt?

• Was habe ich getan, um die Situation damals zu bewältigen?

Die bewusste Übertreibung in der ersten Frage nimmt die Schärfe aus der Situation, denn der Verstand reagiert unter Stress oft so, als ob Lebensgefahr bestünde – also unnötig heftig. Mit diesen Fragen gelingt es Ihnen, vorhandene Erfahrungen und Kompetenzen abzurufen und zu nutzen.

Die Perspektive wechseln

Jeder Mensch sieht eine Stresssituation durch seine eigene Brille. Das, was den einen wütend macht, nimmt der andere kaum wahr. Ihr Stress-Gefühl weist darauf hin, dass es für Sie an der Zeit ist, eine andere Brille aufzusetzen. Denn die wahre Ursache für Stress ist immer noch nicht der Gegenstand an sich, sondern die Brille, durch die wir ihn betrachten. Ein Brief vom Finanzamt z. B. kann nichts, außer auf dem Tisch liegen. Unsere Brillen wie beispielsweise

* „Die Steuern sind viel zu hoch",

* „Wie soll ich das bezahlen" oder

* „Andere arbeiten schwarz und ich werde ausgenutzt"

sind die wahre Ursache für unseren Stress. Wie kann ein Mensch sich ohne solche oder ähnliche „Brillen" aufregen oder beunruhigt sein? Gar nicht, denn Stress beginnt und endet im eigenen Kopf.

Manchmal können Sie die Wirklichkeit nicht verändern. Dann ist es sinnvoll, die eigene Perspektive auf die Wirklichkeit zu ändern, was allerdings gar nicht so leicht ist. Denn der Verstand hält lieber an der Perspektive fest, als sie anzupassen.

Welche Farbe hat eine gelbe Zitrone …

…, wenn Sie sie durch eine blaue Brille sehen? Grün? Das ist falsch, denn sie ist und bleibt gelb. Ihr Verstand hat Ihnen wahrscheinlich zu erzählen versucht, dass sie grün ist. Sie wirkt aber nur grün – oder glauben Sie ernsthaft, eine Zitrone würde ihre Farbe für Sie ändern? Selbst wenn Sie sie anmalen, bleibt sie noch gelb.

Dank einer neuen Perspektive auf dieselbe Situation gelingt es, sich in Einklang mit ihr zu begeben. Auch hierbei helfen Ihnen zwei Fragen, die Sie sich beantworten können:

- Was ist das Gute an der Situation?

- Wofür kann ich jetzt in der Situation dankbar sein?

Die Antworten können beispielsweise beim oben genannten Brief vom Finanzamt lauten:

- Das Gute ist, dass ich vier Wochen Zahlungsfrist habe.

- Das Gute ist, dass ich den Brief meinem Steuerberater zur Prüfung geben kann.

- Dankbar kann ich dafür sein, dass ich Geld verdient habe. Denn nur wer vorher verdient hat, zahlt Steuern.

- Dankbar kann ich dafür sein, dass ich aufgrund der Steuern von Polizei und Feuerwehr beschützt werde.

Auf den ersten Blick sind das zwei sehr ungewöhnliche Fragen, doch helfen sie Ihnen dabei, aus einer nicht zu ändernden Situation das Beste zu machen.

Ziele fokussieren

Wer gestresst ist, denkt nicht an seine Ziele, sondern an ein scheinbar unüberwindbares Problem oder an im Wesentlichen Unwichtiges. Prüfen Sie das in Ihrer nächsten Stresssituation, indem Sie sich die Frage stellen, ob Sie gerade auf Ihre Ziele oder auf ein blockierendes Problem fokussiert sind. Unter Stress arbeitet der Verstand gegen Sie, nicht für Sie. In Stresssituationen kommt es daher eher zum „Tunnelblick" auf Probleme und weniger zur Lösungsorientierung.

Wenn Sie sich beispielsweise über eine unfreundliche Bäckereifachverkäuferin aufregen, dann sind Sie auf Unwichtiges fokussiert. Denn Sie brauchen in Wahrheit nicht die Freundlichkeit der Verkäuferin, sondern frische Brötchen.

Versuchen Sie also in einer Stresssituation auch immer, Antworten auf eine oder auch mehrere der drei folgenden Fragen zu finden:

- Bin ich auf ein Problem oder auf mein Ziel fokussiert?

- Was ist jetzt noch wichtig?

- Worauf kann ich mich jetzt noch fokussieren?

Das Ergebnis können völlig neue Sichtweisen in ein und derselben Situation sein, zum Beispiel:

- Mein Vordermann fährt wie …
  → Ich habe genug Zeit, um pünktlich zu sein.

- Mein Kollege könnte sich mehr einsetzen.
  → Ich wende mich meinen Prioritäten zu.

- Die hätten mir eher einen Termin geben können.
  → Ich habe einen Termin.

Stress als Geschenk annehmen

Um für die Suche nach dem Geschenk in Ihrem Stress einen klaren Kopf zu haben, sagen Sie zu sich selbst in der nächsten Stresssituation zuerst „Stopp!" und schlagen mit der geöffneten Handfläche Ihrer starken Hand auf eine imaginäre Tischplatte. Gönnen Sie sich dann einige langsame Atemzüge. Diese Technik wird in einem späteren Kapitel noch genauer beschrieben. So beruhigen Sie Ihr Ego und lassen es für sich statt gegen sich arbeiten.

Alternativ können Sie sich nach dem Ausatmen auch vorübergehend so verhalten, als hätten Sie keinen Stress: Lächeln, entspannte aufrechte Körperhaltung, entspannte Schultern und fließende, ruhige Atmung.

Wenn Sie das ausprobieren, werden Sie feststellen, dass Ihr Stressgefühl nach kurzer Zeit wieder nachlässt. Dann sind Sie wieder am Steuer und auch wieder in der Lage, mit Übersicht und Ziel zu handeln.

Weil es anfangs gar nicht so einfach ist, auf diese Ideen zu kommen, wenn Sie unter Stress stehen, helfen Ihnen die in diesem Buch vorgestellten Techniken dabei, Stress als Geschenk anzunehmen.

Aufgaben und Denkanstöße

Vervollständigen Sie die folgenden Sätze:

- Für mich ist Stress vor allem aus diesen fünf Gründen ein Geschenk: …

- Diese fünf Beispiele für bereits erlebten Stress kann ich rückblickend als echtes Geschenk begreifen: …

- Die Gründe dafür sind jeweils: …

- Wenn ich ab jetzt offen für meinen Stress bin und ihn als Geschenk betrachte, werde ich … sein.

Die goldenen Regeln der Gelassenheit

Es gibt vier goldene Regeln der Gelassenheit. Wenn Sie diese verstehen und leben, sind Sie in Ihrer Stimmung von anderen Menschen unabhängig: Egal was diese tun oder auch nicht tun – Sie bleiben gelassen, Ihnen geht es gut. Sie sind bei sich und betrachten das, was Sie zurzeit noch stresst, mit Abstand und einem liebevollen Schmunzeln. Sie können keinen Stress mehr haben. Es ist Ihnen unmöglich, sich über andere Menschen aufzuregen, ebenso wie es Ihnen unmöglich ist, sich über sich selbst zu ärgern oder Schlechtes über sich selbst zu denken.

Die hier beschriebenen Regeln sind keine Erfindung des Autors. Sie sind einfach vorhanden und wirken immer und überall. Jeder, der über Gelassenheit und Stress nachdenkt, kann sie für sich entdecken. Wenn Sie sich daran gewöhnen, diese Regeln einzuhalten, leben Sie gelassen – wenn Sie sie brechen, sind Sie gestresst. Diese Erkenntnis kann Ihr Leben für immer positiv verändern.

Die Regeln sind einfach, leicht nachvollziehbar und einprägsam. Die Kunst besteht lediglich darin, sich im gestressten Zustand auf sie zu besinnen.

1. Regel: Wahrnehmen, nicht werten

Sie können nur gestresst sein, wenn Sie eine Situation negativ bewerten. Sobald Sie diese lediglich wahrnehmen, sind Sie gelassen und aktiv.

Machen Sie noch einmal folgende Übung: Schließen Sie für einen Augenblick die Augen und konzentrieren Sie sich auf die Geräusche, die Sie jetzt hören können. Beobachten Sie, was Ihr Verstand unternimmt, sobald Sie ein Geräusch hören. Sicher erklärt und bewertet er das Geräusch. Das passiert ganz automatisch, ohne dass Sie etwas dafür tun müssen. Sie hören ein Geräusch und Ihr Verstand hat sofort eine Erklärung dafür: „Ach ja, das ist das Ticken der Uhr, das ist mein Nachbar, das ist der Kühlschrank." Ihre Aufmerksamkeit ist nur ganz kurz bei dem Geräusch an sich und wendet sich dann gleich dem vor Ihrem inneren Auge entstehenden Bild zu. Dieses Bild ist das Resultat der Bewertung und Erklärung Ihres Verstandes.

Der Clou ist: Nicht Sie bewerten das Geräusch, sondern Ihr Verstand. Sie haben zwar einen Verstand, sind aber nicht Ihr Verstand. Wenn Sie sich nun entscheiden, nach einer anderen Erklärung oder Bewertung zu suchen, dann können Sie das tun. Sie sind der Kuchen, Ihr Verstand ist ein Teil davon. Verwechseln Sie das nicht.

Deshalb: Wann immer Sie gestresst sind, trennen Sie zwischen Bewertung und Wahrnehmung. Die „Bewertung" ist das, was Sie im Verstand aus der Wirklichkeit machen, und die „Wahrnehmung" ist die Wirklichkeit an sich: Wenn Sie sich beispielsweise über einen Mitarbeiter ärgern, der häufig zu spät kommt, dann ist die mögliche Bewertung „das ist eine Unverschämtheit", die mögliche faktenorientierte Wahrnehmung „mein Mitarbeiter ist zurzeit acht Minuten verspätet".

Was geschieht in Ihnen, wenn Sie wahrnehmen, und was wenn Sie werten? Beim Wahrnehmen bleiben Sie ruhig, sind offen, klar und bei sich. Wenn Sie werten, sind Sie aufgebracht, unruhig und gestresst.

Die Wahrnehmung ist friedlich und sorgt für Gelassenheit. Die Bewertung ist stressvoll und sorgt für Unwohlsein. Daher sind die Folgen von Wahrnehmung versus Bewertung von größter Bedeutung, weil beides bestimmt, wie Sie sich fühlen. Denn einerseits werden Sie bei der Wahrnehmung eher gelassen sein und bei der Bewertung eher aufgebracht. Andererseits wird Ihr Tonfall während der Rückmeldung über die Verspätung bei der Wahrnehmung freundlich und bestimmt, bei der Bewertung eher abwertend und vorwurfsvoll sein.

Mit welcher Variante sorgen Sie unter Stress besser für sich selbst und für eine mögliche Verbesserung der Situation? Natürlich mit der Wahrnehmung. Doch das ist leichter gesagt als getan. Genau wie Sie die Geräusche gerade kurz gehört und dann automatisch bewertet haben, so nehmen Sie auch nur kurz die faktische Abwesenheit des Mitarbeiters wahr und kommen dann gleich zur Bewertung der Situation. Schnell sind Sie dann gedanklich dabei, sich alle möglichen Konsequenzen für den Mitarbeiter, die Arbeit und sich selbst auszumalen.

Dank der Regel „Wahrnehmen, nicht werten" gelingt es Ihnen allerdings, diesen Kreislauf zu unterbrechen und für einen klaren Kopf zu sorgen.

Machen Sie sich bewusst, dass Sie Ihre stressbeladene Bewertung nicht benötigen, um Ihrem Wunsch klar Ausdruck zu verleihen, dass der Mitarbeiter zukünftig pünktlicher sein soll. Was Sie dafür wirklich brauchen ist innere Klarheit, denn diese sorgt eher für eine Veränderung der Situation als eine aufgebrachte Stimmung.

Lassen Sie dafür Ihren Verstand für sich und nicht gegen sich arbeiten. Geben Sie Ihrer Wahrnehmung mehr Raum. Fragen Sie sich dafür unter dem Motto „ZDF – Zahlen, Daten, Fakten": Was ist tatsächlich vorgefallen? Auf diese Weise schaffen Sie ein Gleichgewicht zwischen der Bewertung und der Wahrnehmung einer Situation:

Wenn Ihnen beim Autofahren die Vorfahrt genommen wurde und es beinahe zu einem Unfall gekommen wäre, können Sie wahrnehmen, dass in Wirklichkeit nichts passiert ist. Wenn Sie von einer anderen Person lautstark beleidigt werden, nehmen Sie wahr, dass die Person unzufrieden ist und sich offensichtlich nicht wohlfühlt. Wenn Sie sich im Stich gelassen fühlen, ist die darunterliegende Wahrnehmung vielleicht, dass Ihnen Informationen fehlen, die Sie gerne hätten. Also holen Sie sich diese und sagen darüber hinaus vielleicht, wie Sie behandelt werden wollen.

> Der Schlüssel zur entspannten Wahrnehmung ist immer die Frage: Was genau nehme ich wahr?

Wenn Sie das einige Male unter Stress ausprobiert haben, können Sie noch einen Schritt weitergehen. Dafür beziehen Sie Ihre Wahrnehmung auf das Jetzt. Wenn Sie also beispielsweise von jemandem vor drei Sekunden beleidigt wurden und sich aufregen, fragen Sie sich: Was genau nehme ich jetzt wahr? Ihre Antwort könnte in etwa so ausfallen: „Interessant, eine Person hat vorhin Schallwellen ausgesendet und steht jetzt vor mir, hat die Augen weit auf, ist leicht vorgebeugt und wartet auf meine Reaktion. Das kenne ich von mir auch." Wenn Sie jetzt schmunzeln, ist das wunderbar. Denn was kann Ihnen besseres passieren als zu schmunzeln, wenn Sie „beleidigt" wurden?

Sie werden feststellen, dass Sie immer nur noch Frieden wahrnehmen können, weil die „Beleidigung" ja bereits vorbei ist, wenn Sie sie mitbekommen haben. Sie ist Vergangenheit und damit höchstens ein Gedanke in Ihrem Verstand. Das funktioniert immer, wenn Sie offen für eine ehrliche und sachliche Beantwortung der Frage sind. Auf diese Weise stellen Sie fest, dass es keinen Grund gibt, sich aufzuregen. Im Einzelfall kann es für Sie einen Grund geben, Ihre Meinung zu der vergangenen Situation zu sagen.

Nutzen Sie das Motto „Faszination statt Frustration": Staunen Sie, was im Leben passieren kann, und lassen Sie sich von Verhaltensweisen anderer faszinieren statt frustrieren.

Aufgaben und Denkanstöße

Vervollständigen Sie die folgenden Sätze:

- In den folgenden Situationen ginge es mir besser, wenn ich mehr wahrnehmen und weniger werten würde: …

- Wenn ich das Motto „ZDF" mehr leben würde, wäre ich in den folgenden fünf Situationen gelassener: …

- Ich kann zwischen meiner Wahrnehmung und meiner Bewertung unterscheiden, weil …

2. Regel: Raus aus fremden Angelegenheiten

Sie sind gestresst, wenn Sie Ihre eigenen Angelegenheiten mit denen anderer verwechseln. Ihre Angelegenheiten sind gleichbedeutend mit Ihrer Einflusszone. Die Angelegenheiten anderer sind Ihre Interessenzone. Im Rahmen Ihrer Angelegenheiten haben Sie die volle Kontrolle über das, was passiert. Sie können also direkten Einfluss nehmen. Außerhalb Ihrer Angelegenheiten, also in Ihrer Interessenzone, können Sie nichts kontrollieren oder beeinflussen. Hier können Sie sich etwas wünschen. Ob Ihr Wunsch allerdings in Erfüllung geht, liegt nicht in Ihren Händen. Merken können Sie sich das mit dem Satz: „Es ist meine Angelegenheit, eine Frage zu stellen – ob diese Frage beantwortet wird, ist nicht meine Angelegenheit."

Stellen Sie sich vor, es gäbe einen An/Aus-Schalter für Stress. Wenn er auf „An" steht, haben Sie Stress, steht er auf „Aus", sind Sie gelassen. Betätigt wird der Schalter von Ihnen selbst. Sind Sie in Ihren Angelegenheiten, ist der Stressschalter aus, sind Sie in fremden Angelegenheiten, sich dessen aber nicht bewusst, ist er an und Sie erleben Stress. Sie können also nur gestresst sein, wenn Sie Ihre Angelegenheiten mit denen anderer verwechseln. Denn dann glauben Sie, Sie könnten etwas an dem ändern, was Sie stört, ohne es tatsächlich zu können.

Den Unterschied zwischen Ihrer Einflusszone und Ihrer Interessenzone sehen Sie an folgenden Beispielen, die Ihnen die jeweiligen Angelegenheiten beschreiben:

Meine Angelegenheit oder nicht?

Beispiel 1:

Wenn Sie sich darüber ärgern, dass Ihnen eine E-Mail nicht fristgerecht beantwortet wird, dann ärgern Sie sich, weil Sie gedanklich in fremden Angelegenheiten sind. Denn die E-Mail, auf die Sie warten, wird nicht von Ihnen, sondern von einer anderen Person geschrieben. Die Geschwindigkeit der Antwort ist innerhalb Ihrer Interessenzone und liegt nicht in Ihrer Einflusszone.

Beispiel 2:

Wenn Sie verabredet sind und sich darüber aufregen, dass sich die andere Person verspätet, dann regen Sie sich darüber auf, weil Sie gedanklich in fremden Angelegenheiten sind. Denn nicht Sie entscheiden, ob die Person rechtzeitig losfährt, sich verfährt, im Stau steht oder einen Unfall hat. Die Pünktlichkeit ist Ihre Interessenzone, nicht aber Ihre Einflusszone.

Beispiel 3:

Wenn Sie sich über die lauten Geräusche Ihrer Nachbarschaft aufregen, dann regen Sie sich darüber auf, weil Sie gedanklich in fremden Angelegenheiten sind. Denn nicht Sie entscheiden, ob sich Ihre Nachbarn leise oder laut verhalten, sondern diese selbst. Eine ruhige Nachbarschaft ist lediglich Teil Ihrer Interessenzone, nicht aber Ihre Einflusszone.

Wahrscheinlich denken Sie jetzt: „Es ist sehr wohl meine Angelegenheit, weil ich ja betroffen bin." Das stimmt. Jedoch ist der Begriff „Angelegenheit" hier anders gemeint: Ihre Angelegenheiten liegen unter Ihrem direkten Einfluss, fremde Angelegenheiten liegen unter fremdem

Einfluss. Fremde Angelegenheiten sind Ihrer Kontrolle ent-
zogen. Obwohl es in Ihrem Interesse ist, eine Antwort auf
Ihre E-Mail zu erhalten, Pünktlichkeit zu erleben und zu
Hause Ihre Ruhe zu haben, liegen all diese Dinge in diesem
Augenblick außerhalb Ihrer Kontrolle. Daher heißt es „Interessenzone" und nicht „Einflusszone". Stress entsteht,
wenn diese Tatsache nicht akzeptiert wird und ein Mensch
sich gegen das stemmt, was ist. Das tut er, wenn er so tut,
als hätte er Einfluss, ohne ihn tatsächlich zu haben.

Wenn Sie jetzt denken „ja, aber es ist doch selbstverständ-
lich, dass eine E-Mail fristgerecht zu beantworten, eine
Verabredung einzuhalten und in der Nachbarschaft Rücksicht aufeinander zu nehmen ist", dann müssen Sie sich
eingestehen: Sie haben noch nicht gelernt, in Angelegenheiten zu denken.

Damit geht es Ihnen zwar wie den meisten Menschen,
jedoch geraten Sie dadurch auch immer wieder unnötig
unter Stress und verlieren Ihren gelassenen Zustand.

Wenn Sie in einer Situation klar sehen, was Ihre eigenen
Angelegenheiten im Unterschied zu denen anderer sind,
bleiben Sie gelassen. Sobald Sie erkennen, was im jeweiligen Moment Ihre Einflusszone und was Ihre Interessenzone
ist, können Sie nicht gestresst sein, weil Ihnen klar ist, dass
sich bestimmte Dinge Ihrem Einfluss entziehen.

Wie erkennen Sie, was Ihre Angelegenheiten sind?

Nehmen wir die obigen Beispiele. Stellen Sie sich für jede
der beschriebenen Situationen die Frage: Was ist jetzt meine Angelegenheit?

Im ersten Beispiel könnten Sie aktiv werden und an die frist-gerechte Beantwortung der E-Mail erinnern, im zweiten Beispiel könnten Sie anrufen und sich erkundigen, wann die Person kommt, und im dritten Beispiel könnten Sie bei den Nachbarn klingeln und um Ruhe zu bitten. Ob die Personen sich dann so verhalten, wie Sie es sich wünschen, liegt wieder in Ihrer Interessen- und nicht in Ihrer Einflusszone. Es ist Ihre Angelegenheit zu bitten, diese Bitte zu erfüllen, ist aber nicht Ihre Angelegenheit, sondern die der anderen.

Wenn Sie jetzt erneut „ja, aber" denken, dann ist das ein Zeichen dafür, dass es Ihnen schwerfällt, mehr und glasklar in Angelegenheiten zu denken. Sobald Sie für das Konzept des In-Angelegenheiten-Denkens offen sind, verlässt Sie der Stress und Gelassenheit tritt ein. Denn Sie stemmen sich nicht mehr gegen das, was ist. Sie werden zum „Freund der Wirklichkeit" und beginnen so, sich dem, was Sie potenziell stresst, offen, interessiert und neugierig zu-zuwenden. Wenn Sie das tun, können Sie nicht mehr ge-stresst sein. Denn dann wissen Sie, dass sich – auch wenn Ihr Verstand Ihnen tausend Gründe dafür nennt, warum die Menschen um Sie herum sich anders verhalten sollten – in Wirklichkeit nichts ändert, und akzeptieren das.

Obwohl genau diese Akzeptanz für ein gelassenes und aktives Leben enorm wichtig ist, haben nur die wenigsten Menschen gelernt, diese Sichtweise einzunehmen. Doch wenn Sie sich in fremden Angelegenheiten aufhalten, verschwenden Sie Energie, die Sie besser in Ihre Angele-genheiten investiert hätten. Ändern können Sie nur im Rahmen Ihrer Angelegenheiten etwas, denn damit sind Sie in Ihrer Einflusszone. Ansonsten geben Sie zwar Vollgas, haben aber keinen Gang eingelegt.

Wie können Sie das Konzept der unterschiedlichen Angelegenheiten verwenden?

Erwarten Sie nicht von sich selbst, das vorgestellte Konzept ab jetzt zu beherrschen und nun immer klar zu erkennen, was Ihre Angelegenheiten sind und was nicht. Erwarten Sie von sich in einem ersten Schritt lediglich, unter Stress auch einmal innezuhalten und darüber nachzudenken, in wessen Angelegenheiten Sie sich gerade gedanklich befinden. So lernen Sie, sich aus fremden Angelegenheiten rauszuhalten und Einfluss zu nehmen, indem Sie sich um Ihre Angelegenheiten kümmern.

Stress zeigt Ihnen im Sinne eines Alarmsignals oder Weckrufs auf, dass Sie die beiden Arten von Angelegenheiten gerade miteinander verwechseln und sich auf Ihre eigenen besinnen sollten, um nicht nur gelassen, sondern auch höchst aktiv zu sein.

Aufgaben und Denkanstöße

Vervollständigen Sie die folgenden Sätze:

- Wenn ich meine Einfluss- und Interessenzone klar trenne, wird mein Leben entspannter sein, weil …

- In den folgenden fünf Situationen war ich gestresst, weil ich meine Angelegenheiten mit fremden Angelegenheiten verwechselt habe: …

- Um noch mehr in Angelegenheiten zu denken, werde ich ab sofort Folgendes beherzigen: …

- Wenn ich das nächste Mal merke, dass ich mich in fremden Angelegenheiten befinde, werde ich …

3. Regel: Fokussieren Sie sich auf Dankbarkeit

Genauso wie Sie nicht gelassen sein können, weil Sie gedanklich in fremden Angelegenheiten sind, sind Sie auch automatisch gestresst, wenn Sie undankbar sind. Wie schnell und kraftvoll Dankbarkeit echte Gelassenheit ermöglicht, sehen Sie ebenfalls an den drei oben beschriebenen Beispielsituationen (siehe S. 45):

- Wenn Sie sich über das Ausbleiben der E-Mail aufregen, empfinden Sie in diesem Augenblick Ärger, weil Sie keine Dankbarkeit empfinden.

- Wenn Sie sich durch Unpünktlichkeit ungerecht behandelt fühlen, sind Sie verärgert, weil Sie keine Dankbarkeit empfinden.

- Wenn Sie sich über die lauten Geräusche der Nachbarschaft aufregen, kommen Sie aus Ihrer Balance, weil Sie keine Dankbarkeit empfinden.

Ihr Fokus liegt in den drei Situationen auf einer nicht erfüllten Erwartung an andere – das Resultat ist Ihre Undankbarkeit. In allen drei Situationen haben Sie ein gedankliches Konzept davon in Kopf, wie die Wirklichkeit aussehen sollte. Dieses Konzept, Ihre Erwartung, wird Ihrer Meinung nach nicht erfüllt, und das ist der Grund für Ihre unangenehmen Gefühle.

Das Gefühl der Dankbarkeit ist eng mit Kraft, Offenheit und Freude verknüpft. Nutzen Sie das! Das Einhalten der dritten goldenen Regel hilft Ihnen so dabei, wieder zu Ihrer eigenen Gelassenheit und Kraft zu finden.

Wofür können Sie in den drei Beispielsituationen dankbar sein?

Aus dem Blickwinkel der Dankbarkeit liegt das auf der Hand: im ersten Beispiel dafür, dass Sie einen Mitarbeiter haben, der Ihnen Arbeit abnimmt, im zweiten Beispiel dafür, dass Sie Freunde haben, die sich offensichtlich mit Ihnen verabreden, und im dritten Beispiel können Sie froh sein, ein Dach über dem Kopf zu haben.

In jeder Situation, in der Sie gestresst sind, haben Sie nach der ersten automatischen Reaktion die Wahl, ob Sie gestresst bleiben oder einen anderen Blickwinkel einnehmen wollen, der zu Dankbarkeit führt und Gelassenheit bringt.

Hier finden Sie weitere Beispiele:

Wofür Sie dankbar sein können

Wenn Ihr Zug verspätet ist, können Sie sich darüber ärgern oder aber dankbar dafür sein, dass Sie nicht zu Fuß gehen müssen. Wenn Sie keinen Parkplatz finden, können Sie sich aufregen oder dafür dankbar sein, ein Auto zu besitzen. Wenn Ihre Kinder nicht gehorchen, können Sie verzweifeln oder dankbar dafür sein, dass Sie Kinder haben. Wenn Sie sich vor einer großen Aufgabenmenge sehen, können Sie sich überfordert fühlen oder aber dankbar dafür sein, die Aufgaben selbstständig priorisieren und dann der Reihe nach abarbeiten zu können.

Natürlich werden Sie an der jeweiligen Situation tatsächlich nichts ändern. Der Zug kommt weiterhin verspätet, der Parkplatz erscheint nicht plötzlich, die Kinder gehorchen auch nicht auf einmal und die Aufgaben arbeiten sich nicht von alleine ab. Aber: Wenn Sie in den Situationen gestresst sind, ändert sich auch nichts. Im Gegenteil: Der Stress blockiert entweder Ihre Energie oder Sie verschwenden sie.

Und wie ist es, wenn Sie Dankbarkeit empfinden? Wohin geht Ihr Energiepegel, wenn Sie in einer Situation, die Sie stresst, auf einmal den Blickwinkel der Dankbarkeit einnehmen und das ein oder andere finden, wofür Sie dankbar sein können? Der Energiepegel geht nach oben, weit nach oben. Dankbarkeit ist eine unendlich starke Kraft, die Ihnen im Stress eine Menge von vielleicht völlig neuen Möglichkeiten aufzeigt.

Sie haben einen weiteren großen Vorteil, wenn Sie ehrlich Gründe für Dankbarkeit suchen und finden. Ihr Auftreten ändert sich im Vergleich zum gestressten Zustand zum Positiven und damit können Sie sich besser um Ihre Angelegenheiten kümmern: Wenn Sie – um noch einmal auf unsere obigen Beispiele (S. 45) zurückzukommen – im ersten Fall eine Erinnerungs-E-Mail schreiben, ist Ihr Schreibstil freundlicher, wenn Sie dankbar sind. Wenn Sie im zweiten Fall fragen, wo die verspätete Person bleibt, fragen Sie in freundlicherem Tonfall nach. Wenn Sie den Nachbarn um Ruhe bitten und froh sind, dass Sie ein Dach über dem Kopf haben, haben Sie unbewusst eine freundliche Ausstrahlung, mit der Sie den Gesprächsverlauf positiv in Ihrem Sinne beeinflussen.

Wie können Sie Ihren Fokus auf Dankbarkeit richten?

Dies erreichen Sie am besten mit der richtigen Frage. Wenn Sie das nächste Mal Stress empfinden, dann halten Sie inne und fragen Sie sich: Wofür kann ich jetzt dankbar sein? Im

Kapitel zu den Techniken ab Seite 67 finden Sie zahlreiche Methoden, die Ihnen die Umsetzung dieser kraftvollen dritten goldenen Regel ermöglichen.

Aufgaben und Denkanstöße

Vervollständigen Sie die folgenden Sätze:

- Wenn ich dankbarer bin, kann ich gelassen sein, weil …

- Ich kann schon morgens dafür dankbar sein, dass ich …

- Wenn ich an drei stressige Phasen in meinem Leben zurückdenke, fallen mir jeweils drei Gründe ein, warum ich für diese Phasen dankbar sein kann: …

- Diesen drei Menschen, die mich gestresst haben, kann ich im Rückblick dankbar sein, weil ich Folgendes gelernt habe: …

- An folgenden drei Stellen kann ich mir angewöhnen, im Alltag innezuhalten und Dankbarkeit zu empfinden: …

---

4. Regel: Sei stets ein Freund der Wirklichkeit

Als Freund der Wirklichkeit akzeptieren Sie einerseits das, was ist. Andererseits engagieren Sie sich zu 100 Prozent für Dinge, die Ihnen tatsächlich im Rahmen Ihrer Einflusszone möglich sind.

Stress empfinden können Sie nur, wenn Sie sich gedanklich gegen das stellen, was im Leben passiert. Dann akzeptieren

Sie offensichtlich Unveränderbares nicht, sondern denken, dass es anders besser wäre. Weil Sie dann nicht im Einklang mit der Wirklichkeit und damit mit den tatsächlichen Umständen sind, empfinden Sie als Warnsignal Stress, der Ihnen sagen will: „Du wendest dich gegen das, was ist. Diesen Kampf verlierst du. Lass es sein."

Wenn Sie dagegen im Einklang mit dem sind, was passiert, so sind Sie gelassen, ruhig und friedlich. Sie versuchen, das in Ihrer Einflusszone Liegende zu verändern, und den Rest akzeptieren Sie. Sobald Sie aber denken, dass etwas anders sein sollte, etwas besser nicht passiert wäre oder besser passieren sollte, beenden Sie Ihre Gelassenheit und empfinden Stress.

Niemand käme ernsthaft auf die Idee, sich vor den Kölner Dom zu stellen und zu sagen, er solle verschwinden. Vielleicht mag ihn nicht jeder, jedoch ist es sinnvoll zu akzeptieren, dass er jetzt erst mal da ist. Genauso wenig käme jemand auf die Idee, der Welt zuzurufen, sie solle aufhören, sich zu drehen. Niemand versucht, Katzen das Bellen beizubringen. Oder glauben Sie, dass der Winter sich verkrümelt, nur weil Sie den Sommer lieber mögen?

Doch wenn Sie sich gegen das stemmen, was tatsächlich ist, verhalten Sie sich genau so wie oben beschrieben. Denn so wenig wie sich der Winter um Ihre Meinung von ihm kümmert, so wenig kümmern sich manche Menschen darum, was sie Ihrer Meinung nach tun oder lassen sollten. Dass es schneit, ist Angelegenheit des Winters, und dass ein anderer nicht so ist, wie Sie es wollen, ist die Angelegenheit des anderen.

Worüber sind sich gelassene Menschen im Klaren?

Gelassene Menschen wissen, dass Sie das Leben nicht nach eigenem Geschmack steuern, sondern lediglich aus eigener Kraft auf die Geschehnisse reagieren können. Warum sollten Sie auch die Meinung anderer Menschen beeinflussen können? Warum sollten sich andere so verhalten, wie Sie das wollen? Warum sollte sich das Universum nach Ihnen richten? Nur weil Sie glauben, dass Sie etwas besser wissen? Ihr Ego mag Ihnen das vielleicht erzählen, doch tief in Ihrem Inneren wissen Sie bereits, dass Ihre Möglichkeiten, alles im Leben nach Ihren Vorstellungen laufen zu lassen, ausgesprochen eingeschränkt sind. Allerdings sind Ihre Möglichkeiten, auf die Geschehnisse zu reagieren, enorm.

Sobald Sie diese Tatsache akzeptieren, können Sie sich im Rahmen Ihrer Angelegenheiten zu 100 Prozent engagieren. Solange Sie überzeugt sind, dass Ihre gedankliche Version der Wirklichkeit besser ist als die Wirklichkeit selbst, verschwenden Sie Energie, sind gestresst und können nicht wirklich gelassen sein.

Daher lautet die vierte goldene Regel: Akzeptiere das, was ist, und engagiere dich da, wo es sinnvoll ist.

Das ist natürlich leichter gesagt als getan, denn über Jahrtausende haben die meisten Menschen eines noch nicht begriffen: Das Universum, in dem wir leben, richtet sich nicht nach unseren Wünschen. Vor allem unter Stress glauben viele Menschen blind, dass das Leben so sein sollte, wie sie es haben wollen. Sie haben noch nicht gelernt, zwischen veränderbaren und unveränderbaren Aspekten zu unterscheiden, und machen sich so das Leben schwer.

Nehmen Sie sich deshalb vor, ab sofort genau hinzusehen, wenn Sie gestresst sind. Betrachten Sie die Situation gewissermaßen durch eine Lupe und suchen Sie zunächst die Tatsachen, die Sie akzeptieren müssen, weil sie unveränderbar sind, und danach diejenigen Aspekte, an denen sie etwas ändern können.

Wenn Sie gelernt haben, zwischen diesen beiden Anteilen zu unterscheiden, sind Sie frei. Denn Sie werden nicht mehr in die jahrtausendealte Falle tappen, beides miteinander zu verwechseln.

Was ist der Nachteil, wenn ich mich gegen das stemme, was ist?

Sie nehmen sich selbst alle Chancen auf eine Veränderung der unangenehm erlebten Situation, wenn Sie sich mit dem anlegen, was Sie nicht verändern können. Denn während Sie das tun, übersehen Sie die Anteile, in denen Sie sich engagieren, in denen Sie Ihre Kompetenz, Weisheit und Energie einbringen könnten.

Überlegen Sie mal: Können Sie von Erlebnissen gestresst sein, für die Sie offen sind? Kann das Verhalten anderer Menschen Sie verletzen, wenn Sie es akzeptieren? Nein, es ist unmöglich. Üben Sie unermüdlich, zwischen den zu akzeptierenden Dingen und Chancen für ein Engagement zu unterscheiden. Leben heißt, sich zu engagieren. Es heißt jedoch nicht, sein Leben zu verschwenden, indem man sich mit Dingen anlegt, die in diesem Augenblick unveränderbar sind.

Wahrscheinlich haben Sie bereits erkannt, dass die vier goldenen Regeln zusammengehören und sich gegenseitig verstärken. Am besten ist es, wenn Sie sie ab sofort im Sinne eines Vierklangs anwenden.

So funktioniert der „Regel-Vierklang"

Wenn Sie wahrnehmen und nicht werten, haben Sie einen klaren und unverfälschten Blick auf die stressgeladene Situation. Wenn Sie in Angelegenheiten denken, fällt es Ihnen leicht, den konkreten Ansatzpunkt für ein Engagement zu sehen, anstatt sich gegen das Leben aufzulehnen und diesen Kampf stets zu verlieren. Wenn Sie dankbar sind, haben Sie Energie für ein Engagement und können leichter das akzeptieren, was ist, weil Sie auch die guten Seiten dessen sehen, was Sie nicht verändern können. Erst wenn Sie das akzeptieren, was nicht veränderbar ist, können Sie die Angelegenheiten anderer akzeptieren und dankbar dafür sein, sich im Rahmen der eigenen Angelegenheiten engagieren zu können.

Weil diese Betrachtungsweise und das Einhalten der vier goldenen Regeln der Gelassenheit für Sie recht neu und damit ungewohnt sein werden, finden Sie in den folgenden Kapiteln Hinweise und Methoden, die Ihnen die praktische Umsetzung ermöglichen. Üben Sie, probieren Sie, testen Sie und finden Sie heraus, welche der Techniken Ihnen besonders gut helfen.

Erst wenn Sie den Regeln durch mehrfaches und beherztes Ausprobieren eine Chance gegeben haben, erkennen Sie ihre Kraft.

Warum es sich lohnt, die Regeln einzuhalten

Weil die wenigsten Menschen die vier goldenen Regeln der Gelassenheit kennen und die allerwenigsten sie anwenden, ist es sehr wahrscheinlich, dass auch Sie noch nicht auf Ihre eigene Weise nach ihnen leben. Wenn Sie damit beginnen, werden Sie feststellen, dass sie mehr als nur eine „Revolution" in Ihrem Leben hervorrufen werden.

Bei einer Revolution wird ein Land stark verändert: Die Regeln ändern sich, das System ändert sich und die Lebensumstände ändern sich. Die vier goldenen Regeln werden allerdings mehr als eine Revolution sein, weil Sie von ihnen in ein Ihnen bisher völlig unbekanntes Land geführt werden. Im Moment wissen Sie wahrscheinlich noch nicht einmal, dass es dieses Land gibt. Aber vielleicht ahnen Sie ja etwas. Sie werden Ihr Leben nicht bloß verändern, sondern es komplett neu erfinden. Das klingt für Sie jetzt vielleicht übertrieben oder anmaßend, doch wenn Sie sich auf die Regeln einlassen, werden Sie genau das erleben.

Streben auch Sie danach, glücklich zu sein? Natürlich, denn das ist eine menschliche Eigenschaft. Sie gehen arbeiten, um glücklich zu sein. Sie gründen eine Familie, um glücklich zu sein. Sie pflegen Freundschaften, um glücklich zu sein. Sie fahren in den Urlaub, um glücklich zu sein. Doch manchmal tritt Stress auf, während Sie diesen eigentlich Glück fördernden Beschäftigungen nachgehen.

Wenn Sie das nächste Mal gestresst sind, nutzen Sie den inneren Dialog, um sich wieder besser zu fühlen. Das kann sich beispielsweise so anhören:

„Eigentlich mache ich gerade etwas, um glücklich zu sein, mich wohlzufühlen und Freude zu empfinden. Weil ich gerade gestresst bin, gelingt mir das im Augenblick nicht. Ich muss dafür sorgen, aus dem Stress zu kommen und mich wieder glücklich zu fühlen. Das gelingt mir, indem ich mich auf meine Regeln besinne. Welche der vier Regeln kann mir jetzt am besten dabei helfen, mich wieder glücklich, ausgeglichen und aktiv zu fühlen?"

Aufgaben und Denkanstöße

Vervollständigen Sie die folgenden Sätze:

• Als Freund der Wirklichkeit bin ich gelassener, weil …

• Wenn ich mich gegen das stemme, was ist, bin ich gestresst, weil …

• Zum Aufbau größerer Gelassenheit kann ich noch stärker akzeptieren, dass … unveränderbar ist.

• Wenn ich mich ab sofort mehr auf meine Reaktionsmöglichkeiten auf die Wirklichkeit konzentriere, anstatt sie mir anders zu wünschen, werde ich … sein.

• Das Motto „Leben heißt, sich zu engagieren" bedeutet für mich …

• Wenn ich die vier goldenen Regeln konsequent einhalte, habe ich folgende fünf konkrete und wertvolle Vorteile: …

So werden Sie gelassener

Sie müssen es wirklich wollen!

Eine kleine Geschichte

Ein junger Mann fragt seinen Guru: „Guru, wie kann ich immer gelassen sein, egal was passiert?" Dieser sieht ihn an und sagt: „Wir treffen uns morgen früh am Strand." Als sich beide dort treffen, geht der Guru wortlos ins Meer. Der junge Mann, leicht irritiert, denkt sich ‚der wird schon wissen, was er tut' und geht hinterher.

Als er knietief im dunklen Wasser steht, ruft er dem Guru zu: „Ich will keinen Freischwimmer machen, sondern wissen, wie ich immer gelassen sein kann, egal was passiert!". Doch der Guru reagiert nicht und geht weiter ins Meer. Der junge Mann folgt widerwillig und leicht genervt.

Bis zur Hüfte im Wasser stehend ruft er: „Hey, Guru, langsam wird mir das hier zu kalt und ich verstehe den Sinn überhaupt nicht, ich kehre gleich um!" Doch der Guru reagiert wieder nicht, sondern geht einfach tiefer ins Meer.

Als die Wellen dem jungen Mann bis ans Kinn schwappen und er kaum noch stehen kann, wird es ihm zu bunt und er ruft aus: „Danke, das reicht, ich weiß überhaupt nicht, was das hier soll – ich gehe zurück!" Er wendet sich zum Strand und will losgehen.

In diesem Augenblick springt der Guru von hinten auf ihn drauf und drückt ihn mit festem Griff unter Wasser. Der junge Mann versucht zwar, sich zu wehren, hat aber so überrumpelt keine Chance.

> *Er strampelt, kämpft, schnappt nach Luft, atmet Wasser ein und ist im Begriff, zu ertrinken. Kurz bevor er ohnmächtig wird, wird er vom Guru an die Wasseroberfläche gerissen und kann wieder atmen.*
>
> *Sobald er wieder bei Sinnen ist und sprechen kann, überzieht er den Guru mit Beleidigungen und Vorwürfen: „Du wolltest mich umbringen! Ich wollte wissen, wie ich immer gelassen bleiben kann, egal was passiert – ich wollte nicht ertränkt werden!"*
>
> *Darauf sagt der Guru: „Du bekamst meine Antwort: Wenn du so sehr gelassen sein willst, wie du gerade eben unter Wasser Luft einatmen wolltest, um zu überleben, dann wirst du gelassen sein, egal was passiert."*

Was will Ihnen diese Geschichte sagen? Richtig: Um gelassen zu sein, müssen Sie es unbedingt wollen. Treffen Sie also die bewusste und unverrückbare Entscheidung, sich niemals mehr stressen zu lassen. Denn dafür sind Sie viel zu wertvoll. Sagen Sie sich jeden Tag mehrfach: „Ich bin und bleibe gelassen, egal was passiert."

> Verpflichten Sie sich zu bedingungslosem Einsatz für die eigene Gelassenheit!

In diesem Zusammenhang gibt es eine wunderbare Botschaft: Was immer Sie in Ihrem Leben bisher wirklich wollten, haben Sie geschafft. Sie wollten laufen lernen und haben es geschafft. Sie wollten sprechen lernen und haben es geschafft. Sie wollten einen Schulabschluss und haben ihn bekommen. Sie wollten eine Ausbildung und haben sie absolviert. Vielleicht war das Ergebnis nicht immer genau so, wie Sie es sich vorgestellt haben, aber Sie haben es immer irgendwie hinbekommen. Wir Menschen können alles, was wir wirklich wollen.

Überprüfen Sie sich jetzt selbst, indem Sie über folgenden Satz selbstkritisch und ehrlich nachdenken: „Ich entwickle bedingungsloses Engagement für meine Gelassenheit." Sie erkennen auf diese Weise, wie sehr Sie einen der größten Einflussfaktoren für die Entwicklung echter Gelassenheit berücksichtigen und leben: den Faktor der bedingungslosen Hingabe, der festen, unverrückbaren Entscheidung für echte Gelassenheit.

Denn die Kräfte, die Sie sich verspannen, die Sie sich ärgern lassen, sind starke Kräfte, mit denen Sie es nur mit großer Entschlossenheit aufnehmen können. Dieses Aufnehmen beginnt mit Ihrem Entschluss, gelassen sein zu wollen.

Ist Ihr Entschluss stark genug?

Sie erkennen einen ausreichend festen Entschluss daran, dass Sie die Frage „Würden Sie Ihr Leben geben, wenn Sie Ihren Entschluss nicht umsetzen?" mit einem klaren Ja beantworten. Denn in Wahrheit vergeben Sie Ihr Leben in den Augenblicken, in denen Sie nicht gelassen sind. Es ist also weit mehr als ein ernst gemeintes „Ich will gelassener sein".

Das sind 90 Prozent Ihres Weges zur Steigerung Ihrer Gelassenheit. Denn wenn Sie sich bewusst für diese entschieden und damit ein Ziel haben, dann wird etwas wirklich Wundervolles passieren: Ihr Denken und damit auch Ihr Verhalten wird durch dieses Ziel verändert. Probieren Sie es aus und Sie werden erleben, dass es funktioniert. Also: Verpflichten Sie sich zu bedingungslosem Einsatz für die eigene Gelassenheit!

Dafür benötigen Sie gute Gründe, denn jede starke Entscheidung hat eine starke Basis.

Vervollständigen Sie dafür jetzt schriftlich den folgenden Satz: „Ich bin und bleibe gelassen, weil ..."

Achten Sie darauf, dass die Gründe Sie wirklich ansprechen, Sie emotional berühren und Sie in sich eine Veränderung spüren, wenn Sie an den Grund denken. Solche Gründe können sich beispielsweise so anhören:

Ich bin und bleibe gelassen, weil ich

• ... meinen Kindern so ein besseres Vorbild bin.

• ... so von meiner Arbeit weniger erschöpft bin.

• ... dann unabhängig von den Launen anderer bin.

• ... so aus meinem Leben das Beste mache.

Wenn Sie Ihre Entscheidung auf einem starken Motiv gründen und es sich jeden Tag mehrfach laut selbst vorsagen, erfüllen Sie die erste Voraussetzung für Gelassenheit.

Solche Motive können sich im Laufe der Zeit verändern. Prüfen Sie daher immer wieder, ob Ihre Motive noch aktuell sind. Auf diese Weise laden Sie sich auch immer wieder mit neuem Schwung und neuer Bedeutung auf.

Aufgaben und Denkanstöße

Vervollständigen Sie die folgenden Sätze:

- Wenn ich mich noch öfter stressen lasse, hat das aus meiner Sicht folgende schwerwiegende Nachteile: …

- Ich bin und bleibe gelassen, weil ich dann … (Nennen Sie fünf gute Gründe für Ihren Entschluss, gelassen zu bleiben.)

- Wenn ich gelassen bleibe, bin ich für folgende mir wichtige Personen ein gutes Vorbild: …

- Wenn ich nicht für eine größere Gelassenheit sorge, habe ich folgende fünf Nachteile: …

- Wenn ich nicht für meine größere Gelassenheit sorge, verzichte ich auf folgende fünf schöne Erlebnisse: …

Üben Sie täglich!

Reicht es aus, von der Idee, stets gelassen zu sein, begeistert zu sein? Natürlich nicht, denn wenn Sie drei Zutaten brauchen, können Sie nicht von der ersten mehr nehmen, um das Fehlen der zweiten zu kompensieren.

Die zweite Voraussetzung für Gelassenheit ist die tägliche Achtsamkeit, das tägliche Üben und der lange Atem dabei. Wenn Sie abnehmen wollen, reicht es ja auch nicht aus, es nur zu wollen. Es geht auch darum, dass Sie jeden Tag etwas dafür tun. Die Einheit des Erfolges ist der Tag. Wenn Ihr Kind laufen lernt, übt es das jeden Tag und nicht nur eine Woche im Jahr. Das gleiche Vorgehen hilft Ihnen auf

dem Weg zu Ihrem Ziel, unabhängig von äußeren Umständen gelassen zu sein.

Suchen Sie sich aus diesem Buch diejenigen Ideen und
Techniken heraus, die Sie täglich anwenden wollen. Dabei
werden Sie von den Aufgaben und Denkanstößen am Ende
jedes Kapitels unterstützt. Nehmen Sie sich nicht zu viel auf
einmal vor, sondern definieren Sie gezielt ein bis zwei Dinge, die Sie sich durch Wiederholung aneignen. Wenn Ihnen
diese zur Gewohnheit geworden sind, suchen Sie sich ein
bis zwei weitere Aspekte heraus. Dabei hilft Ihnen auch das
Kapitel zur Umsetzung ab Seite 113.

Aufgaben und Denkanstöße

Vervollständigen Sie die folgenden Sätze:

- Erfahrungsgemäß bin ich höchst motiviert und bleibe
  konsequent am Ball, wenn …

- Folgende Prinzipien und Techniken aus diesem Kapitel
  kann ich für meine tägliche Übung von Gelassenheit
  verwenden: …

- Folgendes habe ich öfter geübt und konnte es dann
  (z. B. Lernen, Sport, Musizieren): …

- Mein Interesse an einer täglichen Übung von Gelassenheit liegt darin, dass ich dann … bin/habe.

- Der Aufwand der täglichen Übung lohnt sich, weil …

Denken Sie in Ergebnissen!

Was passiert, wenn der Wille groß ist, Sie täglich üben und dann aber merken, dass es schwierig wird, Sie Fehler machen und nicht ausreichend vorankommen? Vermutlich geben Sie enttäuscht auf.

Was sagen Sie zu einem Kind, das beim Laufenlernen hingefallen ist? Vielleicht: „Bleib liegen und probiere es nicht noch mal"? Natürlich nicht. Stattdessen feuern Sie es an, sprechen ihm Mut zu und motivieren es, am Ball zu bleiben. Und wie lange würden Sie das bei einem durchschnittlich begabten Kind tun? Eine Woche? Einen Monat? Ein Jahr? Ganz einfach: Sie würden es jeden Tag und so lange tun, bis es laufen kann. Und warum sollte es bei Ihrem Lernen von Gelassenheit anders sein?

Nun werden Sie wohl niemanden haben, der Sie bei der Entwicklung Ihrer Gelassenheit anfeuert. Also müssen Sie das selbst tun. Sie dürfen nicht aufgeben. Aufgeben ist für Sie keine Option.

Um das Aufgeben zu vermeiden, denken Sie konsequent in Ergebnissen und nicht in Fehlern. Um Gelassenheit zu lernen, stellen Sie sich die Entwicklung Ihrer Gelassenheit als Kreislauf vor. Sie überlegen sich, in welchen Situationen und im Kontakt mit welchen Menschen Sie zukünftig gelassen bleiben wollen. Dann stellen Sie sich eine Auswahl von Ideen und Techniken zusammen, von denen Sie glauben, dass Sie mit ihnen Ihr Ziel erreichen. Werden Sie aktiv, indem Sie diese Ideen und Techniken im wirklichen Leben anwenden. Beobachten Sie die Ergebnisse und prüfen Sie, wie zufrieden Sie mit diesen sind. Wenn Sie zufrieden sind, behalten Sie Ihre neuen Angewohnheiten bei. Wenn Sie nicht zufrieden sind, weil Sie Ihr Ziel noch nicht erreicht haben, probieren Sie eine neue Auswahl von Ideen und Techniken aus.

Diesen Kreislauf durchlaufen Sie so lange immer wieder und in aller Ruhe, bis Sie Ihr Ziel erreicht haben und dieses Niveau halten können.

Bei diesem Ansatz gibt es keine Misserfolge, Rückschläge oder Patzer, sondern nur Ergebnisse. Entweder eine Handlung führt Sie zu Ihrem Ziel oder nicht. Tut sie es, seien Sie zufrieden, tut sie es nicht, gehen Sie den nächsten Schritt.

Die Fragen „Werde ich erfolgreich sein?" stellt sich somit nicht. Die einzige Frage, die sich stellt, lautet: „Wann werde ich erfolgreich sein?" Werden Sie geplant aktiv und bleiben Sie gelassen am Ball.

Aufgaben und Denkanstöße

Vervollständigen Sie die folgenden Sätze:

- Für mich gibt es keine Fehler oder Rückschläge mehr, weil …

- Ich werde mich immer wieder selbst anfeuern, um am Ball zu bleiben, weil …

- Folgende vertraute Person kann mich dabei unterstützen, am Ball zu bleiben: …

10 Techniken für echte Gelassenheit

> *„Erfolg beginnt damit, deine Gedanken zu meistern.*
> *Wenn du nicht kontrollierst, was du denkst,*
> *kannst du auch nicht kontrollieren, was du tust."*
> *Napoleon Hill, Schriftsteller*

In diesem Kapitel finden Sie zehn einfache, erprobte, wirksame und leicht einsetzbare Techniken, um gelassen zu bleiben. Alle Techniken sollen es Ihnen ermöglichen, die vier goldenen Regeln umzusetzen. Voraussetzung für das Umsetzen der Regeln ist ein klarer, ruhiger Verstand. Unter Stress ist er aber das genaue Gegenteil. Die vorgestellten Techniken sorgen für Klarheit und Ruhe.

Stellen Sie sich vor …

…, Ihre Hände würden Sie andauernd ins Gesicht schlagen. Mal stark und mal schwach, aber immer wieder und unvorhersehbar. Sie könnten nichts dagegen tun – weder könnten Sie ausweichen, noch könnten Sie sie festhalten.

Was würden Sie tun, um diese lästige Misere zu beenden? Würden Sie Ihre Hände fesseln? Das wäre nachteilig, wenn Sie z. B. etwas essen oder trinken wollen. Würden Sie sich draufsetzen? Auf Dauer hätten Sie dieselben Nachteile. Würden Sie sie abhacken? Wohl kaum.

Vermutlich kämen Sie irgendwann von selbst auf die Idee, dass Sie diese Situation erst mal so annehmen müssen. Dann würden Sie damit beginnen, Ihre Hände zu trainieren. In aller Ruhe, mit langem Atem und viel Liebe und Verständnis. Sie würden unterschiedliche Herangehensweisen ausprobieren und so lange am Ball bleiben, bis Sie Ihre Hände im Griff haben.

Dasselbe unternehmen Sie auch mit Ihren Stress auslösenden Gedanken. Denn diese tun nichts anders als Ihre Hände in unserer Analogie, wenn sie nicht von Ihnen trainiert werden: Der Verstand schlägt Sie mit seinen stressbeladenen Geschichten über Sie selbst, andere Menschen, Ihre Arbeit, Ihre Familie oder die Welt. Also: Trainieren Sie Ihren Verstand genau so, wie Sie Ihre Hände trainieren würden.

Das ist der Weg zur Gelassenheit. Mit den hier beschriebenen Techniken können Sie Ihren Verstand so erziehen, dass er Ihnen Gelassenheit ermöglicht.

Die Techniken eins bis fünf sollten zu einer Routine werden, wenn Sie gelassen bleiben wollen. Mit der täglichen Übung der ersten beiden Techniken reduzieren Sie Ihren Stresslevel grundsätzlich. Gewöhnen Sie sich an, unter Stress als erstes mit den Techniken zwei bis vier zu reagieren. Die anderen Techniken können Sie üben und dann situativ einsetzen. Sie helfen Ihnen, unter Stress souverän und gelassen zu reagieren.

Technik 1: Pluszeichen vor den Tag setzen

> *„Das Glück im Leben hängt von den guten Gedanken ab,*
> *die man hat."*
> *Marc Aurel, Kaiser*

Wozu dient diese Technik?

Sie starten positiv in den Tag und stellen sich jeden Morgen neu auf Gelassenheit ein.

Gewöhnen Sie sich an, gleich morgens ein Pluszeichen vor Ihren Tag zu setzen. Wenn Sie im Alltag gelassener sein wollen, müssen Sie auch im Alltag ansetzen. Um das zu erreichen, ist es sinnvoll, sich durch den bewussten Einsatz von Gewohnheiten unterstützen zu lassen, die die Gelassenheit fördern. Denn viele Menschen haben eher Gewohnheiten, die von vorn herein zu Stress führen: zu spätes Aufstehen mit der Folge, hektisch zu werden, Losfahren auf den letzten Drücker oder langes Arbeiten, ohne Pausen zu machen.

Sie brauchen sich nicht alle im Folgenden beschriebenen Gewohnheiten anzueignen, sondern können sich diejenigen heraussuchen, die Ihnen am meisten zusagen. Im täglichen Einsatz finden Sie dann schnell heraus, welche Ihnen guttun.

1. Setzen Sie mit Ihrem Motto ein positives Vorzeichen vor den Tag

Sobald Sie aufwachen, beginnt Ihr Verstand bewusst zu arbeiten. Bestimmt kennen Sie Morgen, an denen Sie aufwachen und schon die ersten unangenehmen Gedanken haben. Damit starten Sie schon gestresst und schlecht gelaunt in den Tag, was sich meist fortsetzt und den ganzen Tagesablauf bestimmt.

Um das zu vermeiden, sagen Sie möglichst schnell laut und strahlend lächelnd mindestens dreimal Ihr Motto. Hier finden Sie einige Vorschläge, mit denen Sie ein Pluszeichen vor Ihren Tag setzen und gut gelaunt aufstehen können:

- Ich liebe mein Leben und mein Leben liebt mich!

- Ich freue mich auf den Tag und bin gespannt, was an Schönem er mir bringt!

- Ich bin dankbar, einen neuen Tag geschenkt bekommen zu haben!

- Ich beginne ganz in Ruhe.

- Ich erledige alles in Ruhe und Leichtigkeit.

Sie können sich eines dieser Mottos aussuchen oder sich ein eigenes überlegen. Wenn Sie sich ein eigenes Motto überlegen, dann achten Sie darauf, dass es positiv formuliert ist, also vor allem kein „nicht" enthält. Das Wichtigste ist, dass Sie es ausprobieren und dann feststellen, dass es Ihren Tag angenehmer werden lässt. Fallen Sie dabei nicht in die „Ich muss es verstehen, bevor ich es mache!"-Falle. Haben Sie genau verstanden, warum eine Glühlampe brennt? Sehr wahrscheinlich nicht, aber Sie können den Schalter bedienen. Das Wissen über Elektrizität brauchen Sie nicht, um einen Raum zu beleuchten. Nutzen Sie Ihr Motto, um Ihre Gelassenheit einzuschalten.

2. Die Gute-Laune-Fragen

Nachdem Sie Ihr Motto gesagt haben, beantworten Sie sich eine Frage, die Sie auf das Schöne am Tag fokussieren. Eine solche Frage kann lauten:

- Was habe ich heute Besonderes vor?

- Worauf kann ich mich freuen?

- Warum kann heute der schönste Tag meines Lebens werden?

- Wem kann ich heute einen kleinen Gefallen tun?

- Was ist das Besondere am heutigen Tag?

Auch hier können Sie wieder eine dieser Fragen verwenden oder sich eine eigene ausdenken – Hauptsache Sie nutzen eine. Denn wenn Sie sich im Laufe des Morgens eine von diesen Fragen beantworten, dann können Sie gar nicht anders, als gelassen und gut gelaunt zu sein.

> **Positive Fragen zu stellen ist wichtig**
>
> Im Alltag kommt es oft zu Situationen, die wir als schwierig, unangenehm oder problematisch empfinden. Diesen Situationen messen wir deutlich mehr Bedeutung bei als Situationen, in denen etwas funktioniert oder leicht von der Hand geht. Wenn etwas funktioniert, fällt es nicht besonders auf. Wenn etwas nicht funktioniert, fällt es dagegen sehr wohl auf. Daher ist es wichtig, den schönen Dingen bewusst Bedeutung zu geben, um hier wieder ein Gleichgewicht herzustellen.

3. Der Gelassenheitssong und der Powersong

Sicherlich haben Sie bereits erfahren, wie schnell Musik die Stimmung verändern kann. Wenn Sie beim Autofahren einen guten Song hören, freuen Sie sich, drehen die Musik lauter und singen oder summen vielleicht sogar mit. Dieses Phänomen können Sie bewusst und gezielt einsetzen, um Ihre Stimmung zu verändern, wenn Sie sich mal gestresst fühlen.

Es fällt Ihnen leichter, gelassen zu reagieren, wenn Sie in einer positiven Grundstimmung sind. Suchen Sie sich dafür zwei unterschiedliche Songs aus, die Ihnen gefallen. Wählen Sie einen Song, der Sie entspannt und ruhiger werden lässt, und einen anderen, der Ihnen Energie gibt und Sie in eine gute Stimmung versetzt. Haben Sie die beiden Songs gefunden, dann sorgen Sie dafür, dass Sie sie stets verfügbar haben.

Setzen Sie die Musik dann gezielt ein – zum einen als Start in den Tag und zum anderen situativ: Sobald Sie sich gestresst fühlen, hören Sie Ihren Gelassenheitssong, wenn Sie Energie brauchen, um aktiv zu werden, hören Sie Ihren Powersong.

Aufgaben und Denkanstöße

Vervollständigen Sie die folgenden Sätze:

- Wenn ich mit den neuen Gewohnheiten meiner Gelassenheit im Alltag mehr Bedeutung gebe, hat das für mich persönlich fünf bedeutende Vorteile: …

- Diese neuen Gewohnheiten können mir guttun, weil …

- Bei mir sehen die neuen Gewohnheiten folgendermaßen aus: …

- Für die neuen Gewohnheiten sind dies gute Zeitpunkte in meinem täglichen Ablauf: …

- Mein Gelassenheitssong lautet: …

- Mein Powersong lautet: …

Technik 2: MM wie „Meine Minute"

Wozu dient diese Technik?

Sie reduzieren Ihren Stresslevel und nehmen Kontakt zu Ihrer wohltuenden inneren Gelassenheit auf.

An der Einübung dieser Technik kommt niemand vorbei, der mehr Gelassenheit erleben möchte. Ziel der Übung ist es, sich selbst jeden Morgen in eine gelassene Grundstimmung zu versetzen und so den gesamten Tag entspannter zu erleben. Auf diese Weise haben Sie mehr Kraft und Gelassenheit und kommen nicht so schnell „auf 180", weil Sie Ihren grundsätzlichen Stresspegel senken.

Für Ihre Morgenmeditation benötigen Sie eine ungestörte Minute. Am wirksamsten ist es, wenn Sie die Übung durchführen, bevor Sie am Morgen das Haus verlassen. Wenn sich hier kein geeigneter Moment findet, können Sie auch in einer Pause üben. Stellen Sie in diesem Fall Ihr Telefon um oder schalten Sie Ihre Mailbox ein und teilen Sie anderen mit, dass Sie für einen Augenblick ungestört sein möchten. Sollten Sie einmal denken, dass Sie dafür keine Gelegenheit haben, dann nehmen Sie das „stille Örtchen" wörtlich und führen die Übung dort durch.

> Gerade wenn Sie denken „Dafür habe ich jetzt überhaupt keine Zeit!", sollten Sie sich eine ruhige Minute gönnen. **!**

Der Ablauf der Technik ist so einfach wie wirkungsvoll: Sie halten erst inne und nehmen dann eine Minute lang ganz einfach Ihren Atem und Ihre Gedanken wahr. Auf diese

Weise beobachten Sie, „was in Ihrem Kopf so los ist". So einfach ist es möglich, den Verstand zu beruhigen. Natürlich können Sie die Übung später auch länger durchführen, doch fangen Sie erst einmal mit einer Minute an.

Diese Methode hört sich für viele Menschen auf den ersten Blick zu simpel und daher nicht wirkungsvoll an. Doch probieren Sie es aus: Nehmen Sie Platz und suchen Sie Ihrem Körper eine bequeme Position, in der er sich wohlfühlt. Vielleicht ist es ja genau die Haltung, in der Sie auch fernsehen. Am besten schließen Sie dann die Augen, so fällt die Übung leichter.

Im Verlauf der Übung stellen Sie sich drei Fragen und lassen sich von ihnen leiten. Versuchen Sie, während des ganzen Übungsablaufs entspannt zu lächeln.

• Als Einstieg in die Übung fragen Sie sich: „Atme ich noch?" Diese Frage klingt auf den ersten Blick witzig oder überflüssig. Doch probieren Sie es aus und vergewissern Sie sich, ob Sie noch atmen. Sie werden dabei feststellen, dass Sie zum größten Teil nicht bewusst atmen. Die Atmung ist der leichteste Einstieg, um innezuhalten und mit der ja stets vorhandenen Gelassenheit in Ihnen Kontakt aufzunehmen.

• Im nun folgenden ersten Teil der Übung stellen Sie sich die Frage: „Wie atme ich?" Beantworten Sie sich diese Frage nicht bewertend vom Kopf her. Ihr Verstand wird wahrscheinlich gleich denken „ich atme zu schnell", „zu langsam", „ich sollte sowieso immer bewusster atmen", um nur einige Beispiele zu nennen. Beantworten Sie die Frage stattdessen vom Körper her. Dabei hilft Ihnen folgende Zusatzfrage: „Was passiert, wenn ich atme?"

Beobachten Sie Ihren Körper und spüren Sie, was passiert, wenn Sie atmen. Nehmen Sie zum Beispiel Bewegungen des Körpers beim Atmen wahr und fühlen Sie die Luft, wie sie ein- und ausströmt. Verändern Sie während der Übung Ihre Atmung nicht, sondern nehmen Sie einfach wahr, dass und wie Sie atmen.

- Im zweiten Teil der Übung fragen Sie sich: „Was denke ich?" Atmen Sie dabei langsam, ruhig und gleichmäßig weiter und beobachten Sie, was im Augenblick in Ihrem Verstand passiert. Egal welche Gedanken aufkommen, Sie beobachten diese lediglich. Nehmen Sie wahr, wie die Gedanken von ganz alleine kommen und gehen. Verändern Sie diese nicht und achten Sie darauf, nicht von ihnen mitgerissen zu werden. Versuchen Sie, in der Beobachterposition zu bleiben.

In die Beobachterrolle zurückkehren

Versuchen Sie, sich selbst und Ihre aufkommenden Gedanken genauso wenig zu bewerten, wie Sie im ersten Teil der Übung Ihre Atmung bewertet haben. Nehmen Sie wahr, dass Sie von der Beobachterrolle in eine Teilnehmerrolle gelangt sind und sich von Geschichten im Kopf haben mitreißen lassen. Wie können Sie wissen, dass das schlecht ist? Nehmen Sie den Wechsel Ihrer Perspektive wahr und kehren dann in die Beobachterposition zurück.

Wenn Sie die Übung ausprobiert haben, werden Sie wahrscheinlich drei Dinge festgestellt haben: Eine Minute erscheint zu Beginn Ihres Trainings ganz schön lang, die

Übung tut sehr gut und es ist gar nicht so einfach, eine Minute lang nichts zu tun, außer sich selbst zu beobachten.

Am besten ist es, wenn Sie es sich zur Gewohnheit werden lassen, diese Übung jeden Morgen durchzuführen, bevor Sie aus dem Haus oder an die Arbeit gehen. Die Zeitspanne können Sie dann langsam auf zwei, drei oder fünf Minuten erweitern.

Ihr Lohn ist das Glück der Gelassenheit – ganz ohne großen Aufwand!

Aufgaben und Denkanstöße

Vervollständigen Sie die folgenden Sätze:

- Die drei Fragen, die ich mir während MM stelle, lauten: …

- Ich habe MM mehrfach ausprobiert und dabei Folgendes festgestellt: …

- Wenn ich MM noch mehr übe, fühle ich mich danach wahrscheinlich: …

- Um mir Raum und Zeit für MM zu schaffen, tue ich Folgendes: …

Technik 3: Stopp sagen

Wozu dient diese Übung?

Sie verändern mit Ihren Gedanken die destruktiven Kreisläufe, die unter Stress in Ihrem Verstand entstehen.

Wie Sie bereits oben gelesen haben, ist Stress oft eine automatische Reaktion. Gegen den ersten spontanen Energieschub in Form von beispielsweise Wut, Verzweiflung oder Ärger können Sie daher nichts tun, er zeigt Ihnen einfach nur, dass Sie noch leben. Allerdings können Sie danach eine Menge tun, um sich wieder zu entspannen und konstruktiv denken zu können.

Seien Sie also offen für Ihre erste Reaktion und übernehmen Sie dann wieder das Steuer.

Um das zu erreichen, atmen Sie zunächst einmal bewusst ein. Dann sagen Sie innerlich laut und entschieden „Stopp!". Atmen Sie dabei aus und stellen Sie sich zusätzlich vor, wie Sie mit der Handfläche Ihrer starken Hand auf eine imaginäre Tischplatte schlagen Am wirkungsvollsten ist es, wenn das Ausatmen mit dem „Stopp!" zusammenfällt und Ihre Hand gleichzeitig die Tischplatte berührt. Wenn Sie das einige Male geübt haben, beherrschen Sie das.

> Bei den meisten Menschen wirkt diese Technik am besten, wenn die Handfläche geöffnet ist, sie sich schnell wieder von der Tischplatte löst und der Schwung der Hand nach vorne weg vom Körper geht.

Das „Stopp!" sagen Sie nicht aggressiv, sondern so klar, souverän und deutlich, wie ein selbstsicherer und freundlicher Polizist es bei einer Verkehrkontrolle sagen würde. Auf die Tischplatte schlagen Sie nicht wütend, sondern einfach energiegeladen, entschieden und in aufrechter Haltung.

Wenn Sie das in einer Stresssituation ausprobieren, dann stellen Sie zwei wunderbare Dinge fest: Sie bauen erstens die innere Spannung ab und merken zweitens, dass Sie wieder klar denken können.

Außerdem sorgen Sie dafür, dass Sie nicht destruktiv kommunizieren. Denn wenn Sie unbedacht und spontan das sagen, was Sie denken, ist das oft destruktiv und abwertend, wenn nicht gar beleidigend. Die Qualität Ihres Denkens, Sprechens und Fühlens ist, nachdem Sie „Stopp!" gesagt haben, um ein Vielfaches höher als vorher.

Aufgaben und Denkanstöße

Vervollständigen Sie die folgenden Sätze:

- In der Vergangenheit wäre es in diesen Beispielsituationen für mich und andere besser gewesen, wenn ich innerlich „Stopp!" gesagt hätte: …

- Wenn ich öfter innerlich „Stopp!" sagen würde, hätte das diese fünf Vorteile: …

- Weil ich mich mitreißen lasse und nicht rechtzeitig „Stopp!" sage, habe ich diese Nachteile: …

- Vor allem im Kontakt mit folgenden Menschen kann ich üben, innerlich „Stopp!" zu sagen: …

- Wenn es mir mal nicht gelingt, „Stopp!" zu sagen, ich es aber versucht habe, kann ich stolz auf mich sein, weil …

Technik 4: Voller Körpereinsatz

Wozu dient diese Technik?

Sie stoppen mit Ihrer Körpersprache die destruktiven Kreisläufe, die unter Stress entstehen.

Wenn Sie unter Stress stehen, beeinflusst das Ihre Körpersprache. Wenn Sie dann Ihre Körpersprache positiv verändern, verändern Sie auch Ihre Stressgefühle positiv in Richtung Gelassenheit.

> ### Wie sieht ein gestresster Mensch aus?
>
> *Wie sehen Sie einen gestressten Menschen vor Ihrem inneren Auge? Welchen Gesichtsausdruck hat er – lächelnd? Wie ist seine Atmung – tief und gleichmäßig? Wie hält er seine Schulterpartie – locker und entspannt? Wie ist seine Handhaltung – offen, weich und entspannt?*

Nein, natürlich ist das genaue Gegenteil der Fall. Denn ein unter Stress stehender Mensch hat eine angespannt-verkniffene Mimik, er atmet flach, die Schultern sind hochgezogen und nah an den Ohren, seine Hände sind zu Fäusten geballt. Nehmen Sie diese Position ruhig für einen Moment ein und versuchen Sie dann, sich an die vier goldenen Regeln zu erinnern. Sie werden feststellen, dass Ihnen das in diesem Zustand genauso schwer fällt, wie die Rechenaufgabe 32 × 4 zu lösen.

Nachdem Sie nun wissen, dass Stress Ihre Körpersprache verändert, drehen Sie den Spieß einfach um: Denn wenn Stress Ihre Körpersprache verändert, können auch Sie mit

Ihrer Körpersprache auf Ihren Stress Einfluss nehmen und Gelassenheit aufbauen.

Um das zu erreichen, stellen Sie sich einen entspannten, gelassenen Menschen vor. Wie ist seine Mimik? Wie atmet er? Wie hält er seine Schultern? Welche Haltung haben seine Hände?

Weil dies bei allen Menschen grundsätzlich gleich ist, werden Sie auf folgende Antworten gekommen sein: entspannte und freundliche Mimik, entspannte und tiefe Bauchatmung, locker gehaltene Schulter und geöffnete Hände.

Diese Erkenntnis können Sie nutzen, um aus einem gestressten Moment einen gelassenen Moment zu machen. Dafür nehmen Sie einfach ganz bewusst die Körperhaltung eines entspannten Menschen ein. Geben Sie sich selbst dabei folgende Kommandos: „Ich nehme eine aufrechte Körperhaltung ein. Ich entspanne mein Gesicht. Ich atme tief ein und aus. Ich lasse meine Schultern locker hängen. Ich öffne meine Handflächen."

Nutzen Sie diese faszinierende und wertvolle menschliche Fähigkeit, die eigene Gefühlswelt zu verändern. Fühlen Sie sich nicht länger als Marionette, sondern steuern Sie selbst.

! Übertreiben Sie dabei ruhig ein wenig und nehmen Sie die neue Körperhaltung mit einem kleinen Ruck ein – so wirkt die Technik am besten. Lassen Sie es sich zur Routine werden, unter Stress Ihren Körper so zu verändern. Ihre Körpersprache ist ein Tor zur Gelassenheit.

Aufgaben und Denkanstöße

Vervollständigen Sie die folgenden Sätze:

- Eine gestresste Körpersprache hat für mich den Nachteil, dass ich …

- Wenn ich Stress habe, verändert sich mein Körper folgendermaßen: …

- Ich erkenne, dass ich gelassen und entspannt bin, wenn mein Körper … ist.

- Ich nehme mir die folgenden drei Veränderungen meiner Körpersprache vor, wenn ich das nächste Mal gestresst bin, um wieder ruhiger zu werden: …

Technik 5: Fokus durch Fragen

Wozu dient diese Technik?

Sie steuern Ihre Wahrnehmung von den Ursachen für Stress auf die Ursachen von Gelassenheit.

> Wer gestresst ist, braucht einen neuen Fokus.

An der Wirklichkeit lässt sich in einer Stresssituation oft nichts ändern. Denn Stress entsteht, weil Sie etwas verändern wollen, ohne es zu können. Eines können Sie aber immer ändern: entweder die Situation an sich oder Ihren eigenen Fokus darauf.

Ist Ihnen schon aufgefallen, dass stressige Situationen im Rückblick meist gar nicht mehr so schlimm sind, wie sie im ersten Moment erlebt wurden? Oft konnten Sie wahrscheinlich schon rückblickend über sich selbst schmunzeln oder haben sich vielleicht geärgert, so gestresst reagiert zu haben. Warum nicht gleich so?

Das ist einfacher gesagt als getan, denn im Rückblick haben Sie einen anderen Fokus auf die Situation. Mit „Fokus" ist Ihr Blickwinkel auf eine Stress auslösende Situation gemeint. Wenn Sie Ihren Fokus konstruktiv ändern, verändern Sie auch automatisch die Art und Weise, in der Sie eine Situation erleben. Sie haben bereits gelesen, dass nicht die Wirklichkeit, sondern Ihre Gedanken über die Wirklichkeit Stress auslösen. Nichts außer Ihren Gedanken beeinflusst Ihren Blickwinkel auf eine Situation: Erst der Gedanke, dann das Gefühl!

Dabei ist es so, dass die Gedanken im ersten Schritt von ganz allein auftauchen. Sie haben also nicht die Wahl, was Sie unter Stress spontan denken. Aber Sie haben im zweiten Schritt die Wahl, ob Sie das weiterhin denken wollen oder nicht. Denn Sie können sich für eine Sichtweise entscheiden, die Ihnen echte Gelassenheit ermöglicht. Auch hier gilt: Was Ihnen das Leben gibt, können Sie nicht bestimmen – allerdings können Sie bestimmen, wie Sie darauf reagieren.

Ihren Fokus können Sie ändern, indem Sie Ihre Gedanken ändern – und das geschieht durch das Stellen und Beantworten der richtigen Fragen.

> Merken können Sie sich das mit der Idee „Fokussieren durch Fragen". Mit den richtigen Fragen ändern Sie die Richtung des Gedankenstroms.

Auch diese Technik ist so einfach wie wirkungsvoll: Nachdem Sie innerlich „Stopp!" gesagt und während des Ausatmens mit der Handfläche auf die imaginäre Tischplatte geschlagen haben, beantworten Sie sich eine Frage, die Ihren Fokus verändert.

Damit Sie sich im Laufe der Zeit eine eigene Standardfrage kreieren können, finden Sie hier drei Vorschläge für Fragen, mit denen Sie Ihren Fokus verändern.

1. Genau wie ich?

Sehr häufig sind Gedanken über andere Menschen die Ursache für mangelnde Gelassenheit. Diese Gedanken können beispielsweise folgendermaßen klingen:

- „Arnold hört mir nie zu!"

- „Andere sollten besser Auto fahren!"

Wenn sich andere Menschen nicht so verhalten wie erwartet oder gewünscht, treten oft stressgeladene Gefühle wie Wut, Ärger, Enttäuschung oder Traurigkeit auf. Stress bedeutet Trennung von dem anderen Menschen, Gelassenheit bedeutet Verbindung mit dem anderen Menschen. Bei Stress liegt der Fokus auf der gedachten eigenen Unterschiedlichkeit zu anderen, bei Gelassenheit liegt er auf der Ähnlichkeit mit anderen. Um die Trennung aufzulösen und die Verbindung wiederherzustellen, ist es gut, mit der richtigen Frage für einen neuen Fokus die gegenseitigen Ähnlichkeiten zu entdecken.

Hierfür ergänzen Sie Ihre vorwurfsvollen Gedanken über die andere Person um drei Worte: „…, genau wie ich."

Rücksichtsloser Nachbar

Wenn Sie beispielsweise denken „Mein Nachbar ist so rücksichtslos", ergänzen Sie diesen Gedanken zu „Mein Nachbar ist so rücksichtslos, genau wie ich".

Dann halten Sie einen Augenblick inne, atmen bewusst ein und aus und überlegen, wann Sie in Ihrem bisherigen Leben ebenfalls rücksichtslos gewesen sind. Dabei werden Sie feststellen, dass Sie schon während des Überlegens ruhiger, nachdenklicher und friedlicher werden. Sie brauchen keine Situation zu finden, in der Sie sich exakt so verhalten haben wie Ihr Nachbar. Es reicht vollkommen aus, ein aus Ihrer Sicht passendes Beispiel für Ihre eigene Rücksichtslosigkeit zu finden. Vielleicht sind Sie ja in dem Augenblick rücksichtslos, in dem Sie Ihrem Nachbarn den Vorwurf machen?

Warum funktioniert diese Technik so gut?

Unser Verstand kann anderen Menschen nichts vorwerfen, von dem er weiß, dass wir uns selbst auch so verhalten oder so denken. Wenn Sie einem Nachbarn beispielsweise aufgebracht vorwerfen, er wäre rücksichtslos, und im nächsten Augenblick erkennen, dass Sie selbst manchmal auch rücksichtslos sind, verlässt Sie die negative Energie. Stattdessen erfüllt Sie Verständnis, Einsicht und Mitgefühl.

Braucht man Wut, um sich durchzusetzen?

Das ist ein häufiger Irrglaube. Sie brauchen keine Wut, um jemandem freundlich und bestimmt Ihre Meinung zu sagen. Das können Sie auch tun, wenn Sie wissen, dass Sie manchmal genauso sind wie Ihr Gegenüber. Wenn Sie das gelernt haben, sind Sie innerlich gelassen und setzen sich gleichzeitig bestens für sich und Ihre Interessen ein.

Dies ist eine sehr wirkungsvolle Technik, weil Sie sich innerhalb von Sekunden auf eine neue Sichtweise fokussieren, die Sie ruhiger und weise werden lässt. Probieren Sie sie aus, wann immer Sie sich über andere Menschen aufregen, sich ungerecht behandelt fühlen oder anderen Vorwürfe machen.

Aufgaben und Denkanstöße

Vervollständigen Sie die folgenden Sätze:

• In den folgenden drei Situationen hätte mir diese Frage in der Vergangenheit helfen können, gelassen zu bleiben: …

• Im Kontakt mit diesen drei Menschen kann ich gelassener bleiben, wenn ich diese Frage anwende: …

• Diese Frage kann ich zukünftig immer anwenden, wenn …

2. Was ist jetzt noch wichtig?

Wer gestresst ist, ist auf Unwichtiges fokussiert und sieht nicht, was wirklich wichtig ist. Beobachten Sie sich einige Wochen lang immer wieder selbst, wenn Sie sich gestresst fühlen und Ihre innere Gelassenheit verloren haben. Wie oft gibt es dafür wirklich wichtige Gründe, wie oft unwichtige? Wenn Sie beim Einkaufen von einer Verkäuferin unfreundlich behandelt wurden, ist das unwichtig. Denn Sie gehen nicht einkaufen, um freundlich behandelt zu werden – Sie gehen einkaufen, weil Sie etwas kaufen wollen. Unser Ego vergisst das sehr oft und setzt dann automatisch falsche Prioritäten, weil es sich schlecht behandelt fühlt. Wichtig ist doch, dass Sie sich selbst freundlich behandeln, und es ist wichtig, dass Sie die Verkäuferin freundlich behandeln.

> Mit der Frage „Was ist jetzt noch wichtig?" gelingt es Ihnen, sich auf das Wesentliche zu konzentrieren.

Auch hier sagen Sie sich zuerst innerlich „Stopp!", atmen aus und schlagen vielleicht noch auf die imaginäre Tischplatte. Danach beantworten Sie sich die Frage. Auf diese Weise können Sie erkennen, dass es in diesem Augenblick noch etwas Wichtigeres gibt, als sich auf die Ursache für Ihren Stress zu fokussieren und da quasi kleben zu bleiben.

Schnell werden Sie feststellen, dass Sie sich mit dieser Frage auf Aspekte konzentrieren, die Sie gelassen werden lassen und Sie weiterbringen.

Wenn Sie sich beispielsweise das nächste Mal über den Fahrstil Ihres Vordermannes aufregen, fragen Sie sich: Was ist jetzt noch wichtig? Ihre Einfälle werden vielfältig sein und Sie gleich auf andere Gedanken bringen, denn den Fahrstil Ihres Vordermannes werden Sie sowieso nicht ändern. Vielleicht fällt Ihnen ja ein, dass Sie die Fahrt genießen wollen. Oder dass Sie gesund und entspannt ankommen wollen und daher selbst noch vorausschauender fahren müssen. Oder dass Sie bewusst Ihren Gelassenheitssong hören wollen, anstatt sich über Dinge aufzuregen, die Sie eh nicht ändern können, weil sie außerhalb Ihrer Einflusszone liegen.

Aufgaben und Denkanstöße

Vervollständigen Sie die folgenden Sätze:

- In den folgenden drei Situationen hätte mir diese Frage in der Vergangenheit helfen können, gelassen zu bleiben: …

- Im Kontakt mit diesen drei Menschen kann ich gelassener bleiben, wenn ich diese Frage anwende: …

- Diese Frage kann ich zukünftig immer anwenden, wenn …

---

3. Was will mein wirkliches Ich?

Unter Stress regiert das Ego. Die Frage nach seinem Willen können Sie nutzen, um es wieder unter Kontrolle zu bringen und sich nicht länger von ihm kontrollieren zu lassen. Wie Sie bereits gelesen haben, entsteht Stress im Verstand.

Dort treten Gedanken auf, die Stress verursachen. Wenn Sie diesen Gedanken Glauben schenken, identifizieren Sie sich mit Ihrem Verstand und lassen sich von ihm lenken. Sie betrachten die Situation aus seiner Perspektive. Machen Sie sich bewusst, dass Sie zwar einen Verstand haben, aber weit mehr sind als das.

Weil das auf den ersten Blick verwirrend klingt, schauen Sie sich das folgende Beispiel an.

Worin liegt der Unterschied?

Sie denken: „Mein Kollege hat mich im Stich gelassen!" Oder Sie denken: „Ich denke, dass mich mein Kollege im Stich gelassen hat." Wo liegt der Unterschied?

Halten Sie einen Moment inne und gehen Sie in diese beiden Gedanken hinein. Stellen Sie sich einen Moment vor, in dem Sie den ersten Gedanken denken, und versuchen Sie nachzuempfinden, wie Sie aufgrund dieses Gedankens fühlen würden. Wahrscheinlich eher unangenehm: angespannt, vorwurfsvoll, kriegerisch oder aufgebracht.

Stellen Sie sich dann einen Moment vor, in dem Sie mitbekommen, was Sie denken. Wie fühlt sich das an? Halten Sie jetzt erneut inne und empfinden Sie nach, wie Sie sich aufgrund des zweiten Gedankens fühlen würden. Ganz anders, und zwar nachdenklich, beobachtend und ruhig.

Der erste Gedanke macht Sie innerlich schnell, der zweite langsam. Das ist der Unterschied zwischen Stress und Gelassenheit in einer konkreten Situation.

Wenn Sie sich in ein emotionales Streitgespräch verwickeln lassen, will Ihr Ego diesen Streit gewinnen. Es will recht bekommen und Anerkennung erhalten. Doch was wollen

Sie im Gegensatz dazu im Inneren wirklich? Wahrscheinlich wollen Sie friedlich und klar Ihre Meinung sagen, ohne Zustimmung zu erwarten, sich mit dem anderen einigen oder ihn einfach bei seiner Meinung lassen. Um sich auf diesen inneren Wunsch zu fokussieren, ihn zu erkennen und zu leben, können Sie diese Frage einsetzen.

Sie können sich von der Stress auslösenden Meinung Ihres Egos lösen, indem Sie sich die Frage „Was will mein wirkliches Ich?" beantworten, nachdem Sie innerlich „Stopp!" gesagt haben. Lassen Sie sich ruhig Zeit, bis die Antwort in Ihnen aufsteigt.

> **!** Das „wirkliche Ich" ist eine Beschreibung Ihrer Inneren Weisheit. Durch die Technik „Fokus durch Fragen" gewinnen Sie Gelassenheit und lassen sich nicht länger in den Strudel der Wut, des Ärgers und des Stresses hineinziehen.

Aufgaben und Denkanstöße

Vervollständigen Sie die folgenden Sätze

- In den folgenden drei Situationen hätte mir diese Frage helfen können, gelassen zu bleiben: …

- Im Kontakt mit diesen drei Menschen kann ich gelassener bleiben, wenn ich diese Frage anwende: …

- Diese Frage kann ich zukünftig immer anwenden, wenn …

Technik 6: Die Fünf-Finger-Regel

Wozu dient diese Technik?

Manchmal fällt es schwer, sich im oder nach Stress wieder zu beruhigen und bei sich anzukommen. Diese Technik unterstützt Sie dabei, schnell wieder einen klaren Kopf zu bekommen.

Wenn Sie sich zukünftig gestresst fühlen und wieder gelassen sein wollen, wenden Sie dafür die Fünf-Finger-Regel an. Die Technik besteht aus fünf Schritten, deren Ablauf Sie sich anhand Ihrer Finger merken können. Es ist sehr hilfreich, während der Durchführung den jeweiligen Finger mit der anderen Hand zu umschließen. So lenken Sie sich nicht nur vom Stress ab, sondern haben auch Kontakt zu sich und identifizieren sich so weniger mit Ihrem Ego, in dem ja der Stress entsteht.

1. Erstens, der kleine Finger: Zu Beginn nehmen Sie Ihre aktuell vorhandenen Gefühle und Gedanken ganz bewusst wahr und nehmen sie einfach an. Halten Sie inne und lenken Sie Ihre ganze Aufmerksamkeit auf Ihr Inneres. Lehnen Sie nichts ab, sondern seien Sie offen für das, was gerade in Ihnen vorgeht. Fragen Sie sich selbst: Was ist jetzt gerade in mir los? Lassen Sie den Sturm der Stressgedanken vorbeiziehen und spüren Sie, was danach kommt.

2. Zweitens, der Ringfinger: Atmen Sie fünfmal tief und langsam ein und aus und achten Sie dabei vor allem auf die bewusste Ausatmung. Spüren Sie, wie der Atem aus Ihnen herausfließt. Versuchen Sie dabei, ohne Anstrengung möglichst viel Luft aus der Lunge herauszulassen.

Dann spüren Sie auch einen Reflex zum Einatmen. So werden Sie automatisch ruhiger.

3. Drittens, der Mittelfinger: Jetzt fragen Sie sich selbst: Atme ich noch? Das Wichtige dabei ist, diese Frage nicht vom Kopf her zu beantworten, sondern die Antwort zu spüren. Das ist eine sehr entspannende Erfahrung.

4. Viertens, der Zeigefinger: Als Nächstes fragen Sie sich selbst, wie Sie sich jetzt fühlen wollen. Vielleicht ja kraftvoll, gelassen, zuversichtlich, friedlich, fröhlich oder entspannt? Beantworten Sie die Frage in aller Ruhe.

5. Fünftens, der Daumen: Wenn Sie sich zum Beispiel gelassen und kraftvoll fühlen wollen, dann überlegen Sie sich jetzt abschließend, welche konkreten Gründen Sie haben, um sich so wie gewünscht zu fühlen. Beantworten Sie sich dafür die Frage: Welche konkreten Gründe habe ich, mich jetzt so zu fühlen, wie ich mich eigentlich fühlen möchte?

Probieren Sie die Fünf-Finger-Regel aus und Sie werden feststellen, dass sie funktioniert und Sie dabei unterstützt, ein gelassenes Leben zu führen. Dann haben Sie einen klaren Kopf und machen das Beste aus jeder Situation. Egal, ob Sie ein Flugzeug verpassen, sich über einen Mitarbeiter aufregen oder sich unfair behandelt fühlen. All das sind Situationen, in denen die Fünf-Finger-Regel weiterhilft.

Die Reihenfolge der Finger ist bewusst gewählt. Sie werden feststellen, dass Ihr Daumen am Ende das bekannte Daumen-hoch-Zeichen zeigt. Nutzen Sie dieses Symbol und schmunzeln Sie ruhig, denn auch Schmunzeln „entstresst".

Aufgaben und Denkanstöße

Vervollständigen Sie die folgenden Sätze

- Diese Technik hilft mir persönlich dabei, …

- Von der Fünf-Finger-Regel kann ich profitieren, weil ich dann …

- Ich kann sie zukünftig vor allem anwenden, wenn …

- Um mich an sie zu erinnern, kann ich … tun.

Technik 7: Balance durch die vier inneren Weisen

„Mensch sein heißt ja niemals, nun einmal so und nicht anders sein müssen – Mensch sein heißt immer, immer auch anders werden können."
Viktor Frankl, Psychologe

Wozu dient diese Technik?

Unter Stress folgen Menschen nur den inneren Stimmen, die diesen Stress auslösen. Doch gibt es auch andere innere Stimmen, die für Entspannung und Lockerheit sorgen. Diese können gezielt eingesetzt werden.

Stellen Sie sich vor …

…, Sie gehen durch eine Fußgängerzone und sehen einen Bettler. Dann sagt Ihnen eine innere Stimme beispielsweise „Schenk ihm einen Euro", eine andere „Wenn du ihm was gibst, dann aber nur etwas zu essen, vom Geld würde er sich nur Alkohol kaufen" oder „Schrecklich, dass Menschen

in unserem Land betteln müssen" oder „Ich gebe nichts, wir haben genug Arbeit in Deutschland".

Jede dieser Stimmen sorgt bei Ihnen für eine andere Gefühlslage und ein anderes Verhalten. Diese unterschiedlichen Stimmen sorgen auch dafür, dass Sie Stress oder Gelassenheit erleben, weil sie damit Situationen bewerten, die in Ihrem Leben auftauchen. Wenn diese inneren Stimmen in Balance sind, haben Sie keinen Stress, sondern handeln ausgewogen und durchdacht.

Identifizieren Sie dafür bei Stress die lauteste innere Stimme und geben Sie den anderen Stimmen bewusst das Wort! Eine Stimme, die bei den meisten Menschen häufig Stress auslöst, ist der „innere Krieger". Er kämpft gerne und steht symbolisch für das Motto „Ärmel hoch und handeln". Diese sehr gute Haltung hilft uns dabei, Dinge zu verändern, die uns stören. Sie ist allerdings dann nicht angebracht, wenn die Möglichkeit, zu handeln und etwas zu verändern, nicht besteht. Gründe hierfür können beispielsweise fehlender Einfluss wegen fremder Angelegenheiten oder verpasste Zeitpunkte sein.

Wenn eine Änderung der Situation nicht möglich ist, dann ist es eher sinnvoll, seine eigene Haltung zu ändern. Hierzu werden ganz bewusst weitere Stimmen befragt, um eine ausgewogene und konstruktive Perspektive auf eine Situation zu kreieren, die augenblicklich nicht veränderbar ist.

Hier lesen Sie, welche typischen Stimmen es außer dem Krieger gibt und wie Sie diese für sich nutzen können, indem Sie ihnen bewusst zuhören und dann folgen.

Die beschriebenen Stimmen stellen Oberbegriffe für eine große Zahl unterschiedlicher Stimmen dar. Diese sind natürlich von Mensch zu Mensch verschieden, jedoch lassen sich Ähnlichkeiten in den Grundaussagen der Stimmen feststellen.

Halten Sie dafür unter Stress mit der Stopp-Technik inne und führen einen inneren Dialog:

1. Krieger

Der Krieger meldet sich bei Stress meist automatisch zu Wort – diese Stimme brauchen Sie also nur selten extra aufzubauen. Unter Stress ist der Krieger allerdings blind vor Wut und damit wenig konstruktiv. Er schreit, kämpft ohne Konzept und schlägt einfach um sich, ohne Rücksicht auf Verluste. Ihm ist es auch egal, dass er sich gegen Sie wendet.

Zähmen Sie ihn, indem Sie ihn fragen: „Innerer Krieger, was kann ich jetzt tun, ohne mich zu verletzen? Wir ziehen nicht in eine Schlacht, von der wir schon von Vornherein wissen, dass wir keine Chance haben zu überleben. Also: Was kann ich jetzt tun?" Wenn Sie im Einklang mit Ihrem inneren Krieger sind, krempeln Sie die Ärmel hoch und werden im Rahmen Ihrer Einflusszone aktiv.

2. Magier

Wenn Sie das nächste Mal Stress empfinden, fragen Sie sich selbst: „Und was würde mein innerer Magier dazu sagen?" Der Magier hat ganz andere Sichtweisen auf die Situation, die Ihnen im Augenblick Stress verursacht. Denn er kann gar nicht anders, als das Witzige, das Interessante und das Besondere in der Situation zu sehen. Er verändert nichts an den Fakten, sondern deutet sie einfach anders. So können seine Perspektiven zu einer sofortigen Änderung des Gefühls führen: aus Stress wird Einsicht und Erleichterung.

3. Liebhaber

Auch die Stimme des Liebhabers kann wahre Wunder bewirken und Sie sich gleich deutlich besser fühlen lassen. Denn Ihr innerer Liebhaber findet mit der Frage „Was ist das Gute oder gar Liebenswerte an der Situation?" die Aspekte, die Sie lieben, schätzen und aus ganzem Herzen annehmen können. Diese Stimme hilft Ihnen dabei, das anzunehmen, was ist – egal was es ist.

4. König

Um die Perspektive des Königs einzunehmen, fragen Sie sich: „Wer will gerade in mein Reich eindringen?" Denn der innere König hat die Auffassung, dass niemand außer ihm selbst sein Reich regiert. Sobald Sie ihm zuhören, weist er Sie darauf hin, dass nichts Sie aus der Fassung bringen kann, es sei denn, Sie lassen es zu. Wollen Sie anderen wirklich erlauben, auf Ihr Gefühlsleben Einfluss zu nehmen? Natürlich nicht, und darauf werden Sie von der inneren Stimme des Königs hingewiesen.

Wenn Sie das nächste Mal Stress haben und an der Situation nichts ändern können, dann testen Sie die Technik der vier inneren Stimmen. Nehmen Sie Kontakt zu den inneren

Stimmen auf, stellen Sie sich die vier Personen bildlich vor und befragen Sie sie wie in einem echten Interview.

Was wäre gewesen, wenn …

Nehmen Sie sich einen Augenblick Zeit und denken Sie an eine Situation aus der Vergangenheit, in der Sie sich gestresst gefühlt haben. Prüfen Sie, was der innere Krieger Ihnen gesagt hat und was das bei Ihnen für Gefühle ausgelöst hat. Überlegen Sie dann, was Ihnen die anderen drei Figuren wohl gesagt hätten und welche Gefühle so ausgelöst worden wären. Werden Sie innerlich still und spüren Sie, welche Stimmen Ihnen guttun.

Stellen Sie sich vor wie es wäre, in Ihrem ganzen bisherigen Leben immer in der Lage gewesen zu sein, allen Stimmen zuzuhören und sie zu beherzigen. Und stellen Sie sich vor, was es für Ihre Gelassenheit bedeutet, wenn Sie diese Technik zukünftig einsetzen.

Aufgaben und Denkanstöße

Vervollständigen Sie die folgenden Sätze:

- Wenn es mir gelingt, unter Stress einen Dialog mit den vier Stimmen zu führen, werde ich …

- Die vier inneren Stimmen/Personen stelle ich mir bildlich folgendermaßen vor: … (Kleidung, Stimme, Größe, Mimik, Haltung, Aufenthaltsort, …)

- Die mir spontan sympathischste Stimme ist …, weil …

- Zukünftig kann ich vor allem … Fragen stellen und zuhören, weil …

Technik 8: Perspektivwechsel für mehr Gelassenheit

„Verändere die Betrachtungsweise von Dingen und die Dinge, die du betrachtest, werden sich ändern."
Dr. Wayne Dyer, Autor

Wozu dient diese Technik?

Manchmal würden Sie gerne die Wirklichkeit verändern, können dies aber nicht, weil das außerhalb Ihrer Angelegenheiten liegt. Dann ist es an der Zeit, Gelassenheit durch die Änderung der eigenen Haltung zu erlagen. Das funktioniert am besten, wenn Sie sich die sechs weiter unten vorgestellten Fragen beantworten.

Führen Sie diese Technik anfangs nicht im Kopf aus, sondern besser auf Papier. (Ein Formular dazu finden Sie unter www.christian-bremer.de/mitgelassenheitzumerfolg) Stress auslösende Haltungen gehören nicht in den Kopf, sondern auf Papier. Denn obwohl Sie genau wissen, dass Ihnen bestimmte Haltungen schaden und Stress auslösen, fällt es Ihnen schwer, sich von ihnen loszusagen. Wenn Sie sie sich aufschreiben, können Sie sich deutlich intensiver mit ihnen beschäftigen und sie so eher verändern.

Denn auch eine Haltung ist im Grunde nichts anderes als ein Gedanke oder eine Gedankenkette. Diese Gedanken passen nicht zur Wirklichkeit und lösen daher Stress aus.

> **Stress auslösenden Haltungen können sein:**
>
> • *Die anderen sollen im Straßenverkehr mehr Rücksicht nehmen (tun es aber nicht).*
> • *Der Verkäufer soll freundlicher sein (ist es aber nicht).*
> • *Mein Arzt soll sich mehr Zeit für mich nehmen (tut es aber nicht).*

Allen Beispielen ist gemeinsam, dass die innere Haltung nicht zur Wirklichkeit passt. So entsteht Stress.

Um Ihre Haltung zu ändern, gehen Sie in sechs einfachen Schritten vor: Zuerst identifizieren Sie Ihre Haltung und machen sich bewusst, ob Ihre Haltung Sie sich gut oder schlecht fühlen lässt. Dann verdeutlichen Sie sich die Konsequenzen, die entstehen, wenn Sie Ihre Haltung nicht ändern, und überlegen sich, wer Ihre Haltung verändern kann. Abschließend führen Sie sich vor Augen, wann Sie Ihre Haltung ändern können und wie eine bessere Haltung aussehen könnte.

Im Folgenden zeige ich Ihnen anhand eines Beispiels, wie Sie Ihre Haltung in sechs Schritten ändern können. Im Beispiel gehen wir davon aus, dass Ihre Kollegen sich oft nicht an Absprachen halten. Sie haben das bereits mehrfach angesprochen und müssen feststellen, dass es nichts gebracht hat. Weil Sie keine Macht über die Situation haben und daher im Augenblick nichts mehr tun können, wollen Sie Ihre Haltung ändern. Natürlich hält Sie das nicht davon ab, immer wieder – und zwar gelassen und freundlich – auf Ihren Wunsch zu verweisen.

1. Identifizieren Sie Ihre Haltung

Um Ihre Haltung konstruktiv werden zu lassen, müssen Sie sie zunächst einmal erkennen. Dies geling Ihnen, indem Sie sich fragen: „Was ist meine innere Haltung in dieser Situation?" Dies klingt jetzt vielleicht zu einfach, doch werden Sie beim Anwenden feststellen, dass es gar nicht so leicht ist, die Stress auslösende Haltung konkret zu benennen. Nehmen Sie sich ein wenig Zeit, werden Sie innerlich still und fragen Sie sich: „Was muss ich denken, welche Haltung muss ich haben, um mich so zu fühlen?" Eventuell hilft es Ihnen, sich zu distanzieren und sich dafür zu fragen: „Was muss ein Mensch in der Situation denken, um sich so zu fühlen, wie ich mich jetzt fühle?" Sollten Sie auf mehrere Haltungen kommen, dann schreiben Sie diese auf und sortieren sie. Setzen Sie die „stressigste" Haltung an den Anfang Ihrer Liste.

In unserem Beispiel lautet die Haltung: „Die anderen müssen sich an Absprachen halten!"

2. Fühle ich mich mit dieser Haltung gut oder schlecht?

Stellen Sie sich diese Frage ganz in Ruhe. Antworten Sie nicht vorschnell, sondern ehrlich und vom Herzen aus. Führen Sie sich deutlich vor Augen, ob die Haltung Sie sich schlecht fühlen lässt und welche konkreten Gefühle sie auslöst. Menschen streben nach guten Gefühlen und versuchen, schlechte Gefühle zu vermeiden. Mit dieser Frage machen Sie sich selbst klar, dass diese Haltung immer wieder unangenehme Gefühle in Ihnen auslöst.

In unserem Beispiel könnte die Antwort lauten: „Mit dieser Haltung fühle ich mich schlecht, weil es mich wirklich nervt, dass sich die anderen nicht an die vereinbarten Regeln halten und andauernd irgendwelche Ausreden und Ausnahmen finden. Außerdem glaube ich auch, dass sie das extra machen und mich damit ärgern wollen. Dies distanziert mich von ihnen und raubt mir die Möglichkeit, meinen Tag zu einem Meisterwerk zu machen. Sicherlich werde ich mich so nicht so gut fühlen können wie ich es eigentlich will."

3. Welche unangenehmen oder negativen Konsequenzen hat es, wenn ich meine Haltung nicht ändere?

Nun gehen Sie noch einen Schritt weiter und führen sich vor Augen, was Sie aufgrund dieser Haltung an Angenehmem verpassen und wie viel Unangenehmes Sie erleben werden. Wie alle Menschen wollen auch Sie sich grundsätzlich gut fühlen, und wenn Sie verinnerlicht haben, dass Ihnen die Haltung auch in Zukunft nicht gut tut, werden Sie schnell bereit sein, eine neue Haltung einzunehmen.

Die Antwort im Beispiel kann lauten: „Eine Konsequenz wird sein, dass ich mich immer wieder über etwas ärgere, was ich nicht verändern kann, jedenfalls im Moment nicht. Und ich reduziere meine Chancen auf Veränderung, denn die anderen werden spüren, dass mich der derzeitige Zustand wurmt, und mir eventuell aus Trotz nicht entgegenkommen. Eine weitere Folge wird sein, dass meine Freude am Kontakt mit den anderen immer geringer wird und ich mir so also selbst die Freude nehme."

4. Wer kann meine Haltung verändern?

Nachdem Sie sich vor Augen geführt haben, welche Konsequenzen Ihre Haltung für Sie hat, geht es nun darum, die tatsächlich vorhandenen Möglichkeiten einer Haltungsänderung zu erkennen und zu nutzen. Beantworten Sie auch diese Frage in Ruhe und ganz ehrlich. Vielleicht will Ihr Verstand Sie bei dieser Frage davon überzeugen, dass sich nur die anderen ändern sollen, Sie sich aber nicht. Sollten Sie dieser Versuchung erliegen, führen Sie sich vor Augen, dass die anderen ihre Haltung offensichtlich nicht verändern werden.

Die ehrliche Antwort auf diese Frage ist immer dieselbe, und zwar: „Ich." Hierbei geht es darum, dass Sie dieses „Ich" innerlich spüren. Halten Sie daher auch hier inne und nehmen Sie wahr, was diese Erkenntnis in Ihnen auslöst. Führen Sie sich vor Augen, dass Sie mit dieser Erkenntnis immer etwas tun können, und zwar das Verändern Ihrer Haltung. Spüren Sie, ob die Antwort „Ich" in Ihnen Energie aufkommen, Sie sich kraftvoll, zuversichtlich und friedlich fühlen lässt. Oft ist es das erste Mal, dass die Situation nicht zu Stress, sondern zu solchen angenehmen Gefühlen führt. Ist es nicht faszinierend, dass es hierzu nur einer einfachen Frage und Ihrer ehrlichen Antwort bedarf?

Auch im Beispiel lautet die Antwort natürlich „Ich" – Sie können eine Weile bei dieser Erkenntnis verharren und spüren, wie gut sich diese Idee anfühlt.

5. Wann kann ich meine Haltung verändern?

Erinnern Sie sich an die Idee von „Gelassenheit im Jetzt"? Nun können Sie diese in der Praxis anwenden. Denn die

Antwort auf die Frage „Wann?" lautet immer „Jetzt" –
und nur im Jetzt können Sie handeln und etwas verändern.
Wie Sie bereits gelesen haben, gibt es in Wirklichkeit nur
das Jetzt. Also ist dies auch der einzige Zeitpunkt, in dem
Sie etwas verändern können. Die Frage macht Ihnen Ihre
Entscheidung bewusst, jetzt Ihre Haltung zu ändern. Sie
brauchen nicht noch länger unter Ihrer Haltung zu leiden,
sich ihretwegen aufzuregen und sich von ihr die Freude am
Leben nehmen zu lassen. Halten Sie auch bei dieser Frage
inne und beantworten Sie sie nicht vorschnell, sondern in
Ruhe und vom Herzen aus. Verweilen Sie bei der Idee, dass
Sie jetzt etwas tun können, und prüfen Sie, wie sich das für
Sie anfühlt.

Die Person im Beispiel wird deutlich spüren, dass sie eine
wirkliche Chance hat, im aktuellen Augenblick ihre Haltung
zu ändern. Es wird für sie eine gute Nachricht sein, nicht
noch länger unter ihrer Haltung leiden zu müssen. Sie
erkennt ihre Möglichkeit und ihre Verantwortung, das
eigene Denken in die Hand zu nehmen und zu verändern.
Der Stress weicht und es tritt Zuversicht, Energie und Frieden ein.

6. Wie sieht eine bessere Haltung aus?

Nachdem Sie sich selbst vor Augen geführt haben, was Ihre
Haltung mit Ihnen macht und dass Sie sie jetzt verändern
können, überlegen Sie sich nun eine neue Haltung. Diese
neue Haltung ist konstruktiv, stressfrei, friedlich, entspannt
und lässt Sie sich so besser fühlen.

Im Beispiel könnte die neue Haltung folgendermaßen aussehen: „Wenn sich die anderen das nächste Mal nicht an

Absprachen halten, bleibe ich innerlich und äußerlich ruhig und weise sie freundlich darauf hin." Sicherlich wird diese Haltung zu völlig anderen Gefühlen führen als die Haltung „Die anderen müssen die Regeln einhalten".

Auch hier gilt natürlich: eine Tablette hilft erst, wenn man sie nimmt. Wenn Sie also das nächste Mal Stress empfinden, dann halten Sie rückblickend inne und gehen mit sich selbst diese sechs Schritte schriftlich durch. Sie werden erkennen, dass dies eine sehr wertvolle Technik ist, um mit Situationen geschickt umzugehen, die zurzeit nicht veränderbar sind.

> Beherzigen Sie das Motto: „Entweder ich ändere meine Umwelt oder ich ändere meine Haltung".

Aufgaben und Denkanstöße

Vervollständigen Sie die folgenden Sätze:

- Das Zitat zu Beginn dieses Kapitels inspiriert mich folgendermaßen: …

- Wenn ich zu mir selbst ehrlich bin, bringen mich folgende fünf meiner Haltungen öfters aus dem Gleichgewicht: …

- Ich sollte diese Haltungen mit dieser Technik auch verändern, weil …

- Wenn ich mir diese Technik angeeignet habe, kann mich dauerhaft nichts mehr stressen, weil ich dann …

Technik 9: Nein sagen

Wozu dient diese Technik?

Wer Nein sagt, hat weniger Stress: „Ach, hätte ich mal Nein gesagt!"

Dieses Kapitel ließe sich, sachlich gesehen, kurz fassen: Wenn Sie Nein sagen wollen, sagen Sie Nein. Aber das haben Sie sicher schon vorher gewusst – Sie wissen ja, wie man das Wort „Nein" ausspricht und wären mit dieser Information wohl nicht zufrieden.

Die Herausforderung ist also nicht sachlich-verbaler Natur, sondern sie ist emotional zu sehen und zu lösen. Den meisten Menschen fällt es schwer, freundlich und bestimmt zum richtigen Zeitpunkt Nein zu sagen. Wahrscheinlich geht es Ihnen auch so. Der Grund dafür ist vielleicht nicht gern gehört, und doch liegt er auf der Hand: Sie haben Angst – Angst vor den Folgen des Neinsagens. Sie haben Angst, unhöflich zu wirken, nie mehr gefragt zu werden oder als Egoist dazustehen. Wenn Sie ehrlich sind, werden Sie nach einem Augenblick der inneren Einkehr feststellen, dass auch Ihre Schwierigkeit, Nein zu sagen, in Angst begründet ist.

Der Grund dafür: Das Ego erfindet alle möglichen Horrorszenarien über die möglichen Folgen Ihres Neinsagens. Zuallererst ist es Ihre Aufgabe zu erkennen, dass sich diese Szenarien nur in Ihrem Kopf abspielen und nicht in Wirklichkeit. Machen Sie sich bewusst, dass Sie sich nicht sicher sein können, was geschieht, sondern es lediglich annehmen. Dann geht es darum, im Einzelfall abzuwägen, ob Sie das Eintreffen dieser Szenarien für wahrscheinlich halten und besser Ja sagen oder ob Sie mit einem Nein ausprobieren wollen, ob die Folgen wirklich so schrecklich sind. Oft ist es ein Nein wert, dieses Risiko einzugehen. Diese Erfahrung kann Ihnen niemand abnehmen.

Wichtig ist, dass Sie nicht immer Ja und nie Nein sagen. Beobachten Sie, ob Sie dazu neigen, und beschließen Sie dann, in jedem Einzelfall separat und wohldurchdacht in Ruhe so zu entscheiden, dass Sie im Einklang mit sich handeln.

> Würden Sie gerne manchmal Nein sagen, trauen sich aber nicht, weil Sie Sorge vor unangenehmen Folgen haben? Dann machen Sie sich bewusst, dass diese Folgen nur Annahmen von Ihnen sind:
> **AN**genommene **G**räuel **S**ind **T**atsachen.

Wenn Sie anfangs zaghaft, vielleicht bei vertrauten Personen, ausprobieren, was geschieht, wenn Sie Nein sagen, dann werden Sie eines zu Ihrer Überraschung feststellen: Es passiert – nichts. Sie können nicht hellsehen. Keine der negativen Folgen, die Sie sich ausgemalt haben, wird eintreten. Es tritt auch nicht etwas noch Schlimmeres ein. Ganz im Gegenteil, die Anspannung löst sich und Sie erhalten nicht von sich, sondern auch von anderen Anerkennung für Ihre Ehrlichkeit. So leben Sie Ihr Leben und nicht das der anderen.

Denn wenn Sie oft trotz Ihres inneren Neins Ja sagen, leben Sie nicht Ihr Leben, sondern lassen es von anderen bestimmen. Sie bekamen diesen Tag geschenkt und machen nur das Beste aus diesem Tag, wenn Sie bewusst Ja oder Nein sagen. Halten Sie es mit der schönen Idee von Byron Katie: „Ein Nein zum anderen ist ein Ja zu mir."

Wenn Sie um einen Gefallen gebeten werden, sollten Sie immer in Ruhe abwägen, ob Sie zu- oder absagen wollen. Um auf eine ehrliche, freundliche und bestimmte Art und Weise Nein zu sagen, können Sie sich an diesen drei Phasen orientieren:

- Zuerst halten Sie inne und befragen kurz Ihr Herz darüber, was Sie in sich spüren: „Möchte mein wirkliches Ich Ja oder Nein sagen?" Dafür brauchen Sie nur einen Moment der Klarheit, den Sie sich durch eine kurze Pause ermöglichen. Sagen Sie nie spontan Ja, wenn Sie spüren, dass in Ihnen eventuell auch ein Nein präsent ist. Sollten Sie zu einer schnellen Antwort gedrängt werden, sagen Sie: „Einen Moment bitte, ich möchte Ihnen eine fundierte Antwort geben und für die brauche ich noch Zeit."

- Danach reagieren Sie emphatisch, ehrlich und verständnisvoll, zum Beispiel mit den Worten: „Ich weiß, es ist Ihnen wichtig, dass ich an dem Meeting teilnehme." Sagen Sie das aber nur, wenn Sie den Wunsch des Gegenübers wirklich nachempfinden können. Lassen Sie diese Phase lieber weg, wenn Sie sich nicht sicher sind.

- In der abschließenden dritten Phase sagen Sie das magische Wort „Nein" oder „ich möchte das nicht", vielleicht mit einem „und" davor: „Ich weiß, dass es Ihnen wichtig ist, mich im Meeting dabeizuhaben, allerdings habe ich andere Aufgaben vor mir. Sie könnten meinen Kollegen fragen, der sich auch im Thema auskennt und Ihnen eine gute Unterstützung sein wird."

Wenn Sie möchten, können Sie also Ihre Gründe nennen oder eine Alternativlösung vorschlagen. Dabei müssen Sie allerdings damit rechnen, dass Ihnen ein rhetorisch geschulter Gesprächspartner diese Lösung im Munde umdrehen kann.

> Bitte denken Sie immer daran, dass nirgendwo geschrieben steht, dass Sie einen Grund nennen oder eine Lösung vorschlagen müssen, wenn Sie nicht zusagen. Beides mag zwar höflich sein, jedoch ist es hier wie mit allem: es gibt Ausnahmen. Wenn Sie genau wissen, dass der andere nachsetzen und versuchen wird, Ihnen das Wort im Munde umzudrehen, gehen Sie ganz kurz, freundlich und bestimmt durch die drei Phasen.

Halten Sie inne und finden Sie Ihre Antwort. Sollten Sie absagen wollen, reagieren Sie zuerst ehrlich empathisch und sagen dann Nein. Den meisten Menschen wurde beigebracht, dass sie zu nahestehenden Personen nett sein und daher immer nur Ja sagen sollen. Das mag zwar daran liegen, dass das für Eltern angenehm ist, im späteren Leben ist es jedoch fatal. Lernen Sie, Ihr inneres Ja oder Nein zu erkennen und laut und freundlich auszusprechen.

Sie werden feststellen, dass Sie Stress nicht nur vorbeugen, sondern dass Sie darüber hinaus auch Ihr Leben nach Ihren eigenen Ideen gestalten.

Aufgaben und Denkanstöße

Vervollständigen Sie die folgenden Sätze:

- Wenn ich öfter freundlich und bestimmt Nein sagen könnte, wäre mein Leben …

- Meine drei größten Ängste, die mich dazu bringen, öfters Ja statt Nein zu sagen, sind: …

- Diese drei Ängste basieren auf folgenden Gedanken: …

- Wenn ich erkenne, dass dies nur Gedanken sind, die nicht eintreffen müssen, bin ich …

- Bei diesen drei Personen kann ich üben, ehrlich Nein zu sagen: …

- Meine drei Phasen des Neinsagens lauten: …

Technik 10: Gelassene Reaktion auf verbale Angriffe

> *„Gehe du deinen Weg und lass die Leute reden."*
> *Dante Alighieri, Dichter und Philosoph*

Wozu dient diese Technik?

Manchmal werden Sie oder Ihre Meinung von anderen „angegriffen". Um dann eine konstruktive Antwort geben zu können und innerlich ruhig zu bleiben, braucht es Gelassenheit: Mit geballter Faust denkt es sich schlecht.

Bevor Sie bei „Angriffen" anderer Personen rhetorisch konstruktiv reagieren und dabei innerlich wirklich gelassen sein können, müssen Sie verstehen, warum das Wort „Angriff" hier in Anführungszeichen steht. Denn nur dann bleiben Sie innerlich automatisch ruhig und äußerlich professionell.

Stellen Sie sich vor, jemand sagt zu Ihnen aufgebracht: „Sie arbeiten viel zu langsam." Unter welchen Bedingungen wird diese Aussage zu einem Angriff? Richtig: Wenn Sie für sich bestimmen, dass diese Aussage ein Angriff ist. Wenn Sie stattdessen denken, dass dies ein eventuell wertvolles Feedback ist, ist diese Aussage genau das: ein Feedback.

> **Niemand hat die Kraft, sie aufzuregen – es sei denn, Sie verleihen ihm diese Kraft.** !

Also sind Sie diejenige Person, die das Gesagte durch ihre Meinung darüber entweder zu einem Angriff macht oder es als eine interessante Aussage begreift.

Auch hier gilt, dass Sie zunächst wenig dagegen tun können, dass Sie eine solche Aussage in einer ersten spontanen Reaktion als Angriff interpretieren. Halten Sie daher zuerst inne, bevor Sie verbal reagieren, indem Sie innerlich „Stopp!" sagen, ausatmen und Ihre Körpersprache zum Positiven verändern.

Damit die hier beschriebene Technik wirkt und Sie währenddessen eins mit sich und damit authentisch sind, muss Folgendes gegeben sein: Sie haben begriffen, dass Sie selbst durch Ihre Wertung des Gehörten stets ein Plus- oder ein Minuszeichen vor die Aussage setzen. Ein Pluszeichen bedeutet, dass Sie offen für die Aussage sind und wissen, dass diese nicht Ihre Einflusszone liegt. Ein Minus-zeichen bedeutet, dass Sie sich gegen das Gehörte stem-men und es als Angriff deuten.

Dasselbe gilt natürlich auch für Aussagen, die Sie schriftlich z. B. per E-Mail erhalten. Daher können Sie die Technik auch für Ihre schriftliche Korrespondenz verwenden. Ver-suchen Sie aber dennoch immer, einen aufkommenden Konflikt durch eine persönliche Kommunikation zu lösen.

Die vier magischen Antworten beginnen alle mit einer Pause. Denn auch hier gilt, dass Ihre spontanen Entgeg-nungen unter Stress in der Regel selbst aggressiv und ab-wertend wirken.

Nachdem Sie eine kurze Pause eingelegt und über das Gesagte nachgedacht haben, beginnen alle vier Varianten mit demselben Auftakt. Dieser lautet: „Das ist interessant."

Sprechen Sie diesen Satz mit Augenkontakt und bedacht, langsam, freundlich und ruhig aus. Suchen Sie tatsächlich das Interessante an der Aussage Ihres Gegenübers.

Damit rechnen die allermeisten Gesprächspartner nicht, weil in aller Regel bei angreifenden Aussagen mit einem Gegenangriff gerechnet wird. Doch weil Sie an Gelassen-heit viel mehr als an Streit und Stress interessiert sind, zei-gen Sie in dieser ersten Reaktion Ihr Interesse und Ihre Offenheit.

Gewöhnen Sie sich ruhig an, bei Angriffen – oder besser gesagt bei dem, was Sie zunächst dafür halten – mit dieser Standardantwort zu reagieren. Denn Ihrem Verstand fällt es leichter, auf eine vorüberlegte Standardantwort zurück-zugreifen, als sich unter Stress eine neue Antwort zu über-legen.

Danach können Sie sich – je nach Situation, Ihrem persönlichen Geschmack und dem inhaltlich Gesagten – für eine dieser vier Varianten entscheiden:

- Das ist interessant, sagen Sie mir bitte mehr dazu.

- Das ist interessant, warum sagen Sie das?

- Das ist interessant, mit welchem Ziel sagen Sie das?

- Das ist interessant, was lässt Sie das sagen?

Bei allen vier Varianten stemmen Sie sich keineswegs gegen das Gesagte, sondern wenden sich diesem zu und öffnen sich damit auch der Person, die es gesagt hat.

- Bei der ersten Variante bitten Sie einfach um mehr Informationen. Auf diese Art und Weise erzeugen Sie Sog statt Druck und setzen damit den bekannten Effekt „Druck erzeugt nur Gegendruck" außer Kraft. Damit zeigen Sie nicht nur Gelassenheit und ehrliches Interesse, sondern auch Stärke. Hören Sie sich die Antwort genau an und suchen Sie darin nach Aspekten, denen Sie zustimmen können. Wenn Sie nichts Zustimmenswertes finden können, fragen Sie erneut nach. Sie werden feststellen, dass Sie dem Kern des Gesagten zustimmen können. So ermöglicht Ihnen eine gelassene Reaktion interessante Gespräche darüber, wie Sie von anderen Menschen wahrgenommen werden.

- Bei der zweiten Variante versuchen Sie, die Gründe zu erkennen und zu verstehen, warum die Person die Aussage getroffen hat. Auch hier wenden Sie sich nicht gegen das Gesagte, sondern fragen ehrlich interessiert nach.

- Mit der dritten Variante finden Sie heraus, ob die Person ein bestimmtes Ziel verfolgt. Vielleicht entdecken Sie ja, dass Sie mit dem Ziel durchaus einverstanden sind, nicht aber mit dem Weg, also der Aussage Ihres Gesprächpartners, dorthin.

- Durch die sehr offene Frage bei der vierten Variante lassen Sie Ihrem Gegenüber alle Freiheiten der Antwort. Bei den Varianten zwei und drei haben Sie nach Grund und Ziel gefragt und leiten so dazu an, in diese Richtung zu antworten. Bei der vierten Variante geben Sie dagegen nichts vor, sodass Ihr Gegenüber das sagen kann, was gerade in ihm lebendig ist. Dies ist eine gute Grundlage für eine ehrliche Begegnung und ein wertvolles Gespräch.

Aufgaben und Denkanstöße

Vervollständigen Sie die folgenden Sätze:

- Wenn ich mich angegriffen fühle, neige ich spontan vor allem zu diesen drei Reaktionen: …

- Diese Reaktionen sind für mich von Nachteil, weil …

- Ich behandle andere Menschen mit diesen Reaktionen nicht konstruktiv, weil …

- Die hier beschriebene Technik hilft mir bei „Angriffen" dabei, …

- Die Version, die ich zuerst ausprobieren werde, lautet wörtlich: …

- Vor allem mit diesen drei Personen kann ich diese Technik üben: …

Wie Sie Ihre guten Vorsätze in die Tat umsetzen

„Erfolg ist weder einen Ferrari noch eine Million Dollar zu haben. Erfolg ist es, ein Leben zu leben, wie man es leben möchte."
Jim Rohn, Autor

Die Macht der Gewohnheit

Sie werden schon die Erfahrung gemacht haben, dass Sie z. B. nach der Lektüre von Büchern, nach Vorträgen oder Seminaren das Gelernte begeistert einsetzen, dass jedoch nach einer gewissen Zeit das meiste wieder beim Alten ist. Dann verhalten Sie sich wieder genauso wie vor Ihrem guten Vorsatz.

Wenn Sie im Leben gelassen sein wollen, dann setzt das Gewohnheiten voraus, die zu Gelassenheit führen. Diese Gewohnheiten können Sie sich als Ziel setzen und dieses mit den Ideen und Techniken dieses Buches erreichen. Allerdings werden Sie scheitern, wenn Sie nicht dauerhaft am Ball bleiben, denn nur, wenn Sie die Anwendung der Techniken immer wieder üben, können bestimmte Verhaltensweisen auch zu Gewohnheiten werden.

Sie müssen also wissen, was Sie wozu unternehmen wollen. Das *Wozu* ist hierbei Ihr Reiseziel, das *Was* Ihr Auto, das Sie zum Ziel bringt. Doch Ziel und Auto reichen nicht, Sie brauchen auch Sprit: das *Wie*. Nur damit kommen Sie dauerhaft voran.

In diesem Kapitel erhalten Sie daher konkrete Antworten auf dieses *Wie*. Wenn Sie die Ideen konsequent über einen längeren Zeitraum ausprobieren, werden Sie erfolgreich darin sein, Ihre Vorhaben umzusetzen.

Woher kommen Ihre Gewohnheiten bezüglich Gelassenheit?

Sie wurden in Bezug auf Ihre Gelassenheit im Laufe Ihrer Entwicklung durch Eltern, Schule, Geschwister, Freunde und die Medien programmiert. Sie müssen diese Programmierung erst erkennen und können Sie dann anschließend umprogrammieren, um gelassener zu werden. Denn fast alle Menschen, von denen Sie etwas über Gelassenheit gelernt haben, waren und sind nicht gelassen. Wie hätten die Ihnen etwas Besseres beibringen können?

Das erklärt auch, warum es vielen Menschen beispielsweise so schwer fällt, Nein zu sagen. Der Rat „Sie müssen öfter Nein sagen" ist sicher gut gemeint und richtig, um Gelassenheit aufzubauen. Allerdings kommt es darauf an, dass Sie in dem Augenblick daran zu denken, Nein zu sagen, wenn es darauf ankommt. Wenn Sie über 30 Jahre lang dazu neigen, vorschnell Bitten von anderen Menschen zu entsprechen, ohne vorher darüber nachzudenken, was Sie eigentlich wollen, dann werden Sie auch nicht von heute auf morgen damit aufhören, nur weil Ihnen jemand sagt, dass das nicht gut ist. Schließlich wussten Sie schon vorher, dass Sie zu oft Ja sagen.

Lassen Sie sich nicht länger von Gedanken steuern, die Sie sich nie bewusst ausgesucht haben. Überlegen Sie sich selbst, welche Rolle Gelassenheit in Ihrem Leben spielen soll. Definieren Sie dafür Ihre selbst gewählten Glaubenssätze, mit denen Sie Ihren Alltag und Ihr weiteres Leben gestalten wollen. Vielleicht denken Sie jetzt, dass das unmöglich ist. Wenn Sie es denken, dann haben Sie recht, denn Ihr Unterbewusstsein glaubt Ihnen alles, was Sie ihm eindrucksvoll, deutlich und häufig sagen.

Wenn Sie also denken „Gelassenheit ist nicht möglich", dann ist sie auch nicht möglich. Wenn Sie aber denken „Gelassenheit ist möglich", dann ist sie das auch. In beiden Fällen haben Sie recht.

Die Frage ist nur, was es Ihnen bringt, zu Recht zu sagen „Gelassenheit ist nicht möglich". Wie können Sie etwas ernsthaft mit Energie und der nötigen Zuversicht ausprobieren, wenn Sie davon überzeugt sind, dass es nicht geht?

Jetzt erfahren Sie, warum es vielen Menschen so schwer fällt, ihr Verhalten zu ändern, obwohl sie wissen, dass es notwendig ist. Und Sie werden sehen, mit welchen einfachen Mitteln es Ihnen gelingt, Ihre eigenen Vorhaben auf dem Weg zu größerer Gelassenheit in die Tat umzusetzen.

Ihr Wissen über Gelassenheit kommt ursprünglich größtenteils nicht von innen, sondern von außen und ist damit nicht Ihres: Ob ein Mensch mehr oder weniger gelassen ist, liegt zum einen in seiner Natur, ist zum anderen aber auch antrainiert. Sie werden also durch Ihre Gene und die Menschen in Ihrer Umgebung quasi „programmiert". An Ihren Genen können Sie nichts ändern, an der Programmierung hingegen schon.

In der Zeit nach der Geburt werden wir stark von unseren Mitmenschen geprägt. In diesem Zusammenhang ist es unsinnig zu diskutieren, wie groß welcher Einfluss prozen-

tual ist – er lässt sich so nicht ändern. Vielmehr ist es sinnvoll, leidenschaftlich und eigenverantwortlich alles für seine
eigene Gelassenheit zu tun, also das subjektive Denken so
konstruktiv zu entwickeln, dass es Gelassenheit ermöglicht
sowie Ärger, Wut und Druck reduziert – egal wie groß der
Einfluss der objektiven Umstände ist.

Halten Sie sich an die Idee von Mark Twain: „Das, was
jemand von sich selbst denkt, bestimmt sein Schicksal."

Von Kindesbeinen an funktioniert Ihr Verstand wie ein
Videorekorder, der alles, was er sieht und hört, ungefiltert
aufnimmt. Wenn Sie also sehen, wie Ihre Eltern regelmäßig
gehetzt einkaufen oder häufig über andere Autofahrer
meckern, dann halten Sie das für normal und angemessen
– und ahmen es später nach.

Wiederholung ist für das menschliche Gehirn ein
glaubwürdiges Argument.

Die größte Kraft, die Sie von Gelassenheit abhält, lässt sich
so beschreiben: Sie haben als Kind wiederholt Denkweisen
bezüglich Gelassenheit beigebracht bekommen, an die Sie
nun aufgrund der Arbeitsweise Ihres Gehirns gezwunge-
nermaßen halten und die Sie sich als Glaubenssätze angeeignet haben. Sie haben also bisher kaum eine Chance
gehabt, aus Ihrem eigenen freien Willen heraus Glaubenssätze zu entwickeln, weil diese neuen Denkweisen zu den
alten im Widerspruch stehen und daher vorwiegend abge-
lehnt werden.

Was passiert, wenn positive neue Glaubenssätze auf die alten Glaubenssätze treffen?

Stellen Sie sich dazu Ihr Bewusstsein und Ihren Verstand als Ihre Wohnung vor. Sie sind eines Tages mit der Wohnung (also mit Ihren Gefühlen, Gedanken und Verhaltensweisen) nicht mehr zufrieden und räumen daher die Wohnung aus: Sie stellen Kühlschrank, Küche, Bett, Sofa, Fernseher etc. – einfach alles – für den Sperrmüll auf die Straße oder bringen es in die Garage. Das ist natürlich zu Beginn und in den ersten Stunden in der leeren Wohnung ein erhebendes, erleichtertes Gefühl. Doch nach spätestens zwei Stunden wird es ungemütlich. Sie bekommen Hunger, können aber nicht kochen. Sie sind müde, haben aber kein Bett. Ihnen wird langweilig, Sie haben aber kein Buch. Was passiert? Sie erinnern sich natürlich an die „gute alte Zeit" und holen die Gegenstände, die Sie am meisten vermisst haben oder am dringendsten benötigen, von der Straße oder aus der Garage, um sich wieder gut zu fühlen.

Was können Sie gegen solche Automatismen tun? Sie dürfen das Gefühl des Unbehagens gar nicht erst aufkommen lassen. Das wird nicht durch ein Löschen alter Gedanken, Vorgehensweisen und Gewohnheiten erreicht, sondern durch ein wohlüberlegtes und selbst gewähltes Ersetzen derselben. Auf diese Weise wird es in der Wohnung gemütlich bleiben.

Nachdem Sie die Kraft der Programmierung durch andere und ihre Funktionsweise nun kennen, können Sie Ihre Erkenntnis gezielt nutzen. So gelangen Sie durch eigene Bestimmung zu größerer Gelassenheit.

Ihre Glaubenssätze bestimmen Ihr Denken und Verhalten

„Früher oder später sind die Gewinner diejenigen,
die glaubten, sie könnten gewinnen."
Richard Bach, Schriftsteller

Wenn Sie glauben, Sie würden als gelassener Mensch in einem Streit zu kurz kommen und als Verlierer dastehen, werden Sie aufgrund dieses Glaubenssatzes nicht gelassen sein können. Auch wenn Sie wissen, dass es für Sie gesünder wäre, ruhig zu bleiben.

Im Folgenden finden Sie daher einige Beispiele für Glaubenssätze, die Gelassenheit verhindern. Glaubenssätze sind die Brille, durch die wir die Welt betrachten. Es sind Annahmen über uns selbst, andere Menschen und die Welt. Schauen Sie sich diese Auswahl von Glaubenssätzen über Gelassenheit an und prüfen Sie, ob diese oder ähnliche destruktive Annahmen auch in Ihrem Kopf zu finden sind:

* Gelassenheit bedeutet Passivität.

* Wer viel erreichen will, darf nicht gelassen sein.

* Es ist unmöglich, immer gelassen zu sein.

* Gelassene Menschen sind faul.

* Bei manchen Menschen kann man nicht gelassen bleiben.

* Ich werde nie wirklich gelassen sein.

* Gelassenheit ist eine Gabe.

* Es gibt Wichtigeres als Gelassenheit.

* Es ist für mich zu spät, um gelassener zu werden.

- Meine Eltern hätten mir Gelassenheit beibringen müssen, jetzt ist es zu spät.

Was passiert im Gehirn, wenn Sie einen dieser Glaubenssätze haben? Wenn Sie z. B. den Glaubenssatz „Es ist unmöglich, immer gelassen zu sein" in sich tragen, muss es Ihnen in einer Stresssituation tatsächlich schwerfallen, gelassen zu bleiben. Denn Sie „wissen", dass es unmöglich ist, immer gelassen zu bleiben, und Ihr Verstand sagt Ihnen: „Schau her, ich habe genau das gemacht, was du mir gesagt hast – und du bist nicht gelassen geblieben, ist das nicht prima?!"

> Prägen Sie sich bitte ein: Ihr Unbewusstsein wird alles tun, was Sie glauben – Konstruktives wie Destruktives.

Sie können sich nicht in einem Urlaubsland erholen, in dem Sie Ihrer Überzeugung nach nur einen schrecklichen Urlaub erleben können. Das Ego ist stark und handelt einfach danach, was ihm beigebracht wurde. Es belohnt sich selbst durch eine Einhaltung der Glaubenssätze. Ihr Gehirn unterscheidet dabei natürlich nicht, ob die Aussagen wahr oder falsch sind – sie werden einfach gespeichert und werden dann „wahr" (weil sie vorhanden sind). Bei passendem Verhalten sagt das Unbewusste: „Schau her, du hast recht und ich habe genau das gemacht, was du mir gesagt hast – ist das nicht gut?!"

Wenn Sie glauben, schnell Bekanntschaften oder Freundschaften schließen zu können, dann können Sie das auch. Wenn Sie glauben, dass Sie auch in schwierigen Situationen ruhig, entspannt und kontrolliert bleiben können, dann können Sie das.

Wenn Sie sich selbst einreden, etwas nicht zu können – was geschieht dann wohl? Richtig: Sie werden es nicht können. Dabei klopft sich Ihr Verstand wieder voller Stolz auf die Schulter und lobt sich für seinen Erfolg.

Einschränkende Glaubenssätze erkennen und ändern

„Die Ernte kannst du nicht ändern – wohl aber was du aussäst
– denn nur du kannst deine Einstellung ändern."
Jack Canfield, Autor

Um Ihre einschränkenden Glaubenssätze zu erkennen, brauchen Sie nur die drei Satzanfänge

- „Gelassenheit bedeutet …",
- „Die Nachteile von Gelassenheit sind …" und
- „Wenn ich gelassen bin, dann …"

jeweils so oft es geht zu vervollständigen. Beziehen Sie sich bei Ihren drei Listen jedoch nicht auf die Ihnen bekannten Vorteile von Gelassenheit, also beispielsweise „Gelassenheit bedeutet Glück". Damit Sie Ihre einschränkenden Glaubenssätze erkennen, ergänzen Sie bewusst negativ, beispielsweise „Gelassenheit bedeutet klein beigeben". So erkennen Sie einschränkende Glaubenssätze und wissen damit, was Ihrer Gelassenheit noch im Wege steht. Erst dann können Sie Veränderungen mit den nun folgenden Methoden umsetzen. Unterstützen und motivieren kann

Sie dabei der Hinweis von Buddha: „Das, was du heute denkst, wirst du morgen sein."

Die Grundlage aller hier beschriebenen Methoden ist die Idee der Wiederholung. Denn Wiederholung ist für das menschliche Gehirn ein starkes Argument: Ihr Verstand glaubt, was ihm am häufigsten und eindringlichsten gesagt wurde. Er hat dabei keine Wahl, denn sobald er eine Information wiederholt wahrgenommen (gehört oder gesehen) hat, wird diese Information gespeichert und zukünftig für wahr gehalten. Mit Vorliebe werden dabei natürlich Informationen gespeichert, die am besten zum bisherigen Wissen und Denken passen.

Wenn Sie die folgenden drei einfachen Techniken ausprobieren, merken Sie am besten, wie gut die Techniken bei Ihnen persönlich wirken, und finden dann schnell heraus, welche am besten zu Ihnen passt. Sie können dann alle Techniken anwenden oder nur eine Auswahl, mit der Sie sich am besten fühlen.

Stille Selbstinstruktionen

Die Glaubenssätze, die Ihre Gelassenheit einschränken, haben Sie bereits in den drei Listen notiert. Markieren Sie nun diejenigen Aussagen, die am stärksten emotional aufgeladen sind. Denn diese halten Sie am stärksten davon ab, gelassen zu bleiben. Diese Gedanken formulieren Sie jetzt positiv um: So wir aus „Ich kann nicht gelassen bleiben, wenn mich andere ungerecht behandeln" ein „Ich kann gelassen sein, wenn mich andere ungerecht behandeln".

Diese neuen Glaubenssätze sagen Sie sich nun jeden Morgen gleich nach dem Aufstehen mindestens zehnmal laut und eindrücklich vor, egal was andere darüber denken. Anfangs werden Sie noch ablesen müssen, doch schon nach wenigen Tagen kennen Sie alle neuen Glaubenssätze auswendig und haben sie damit gelernt. Sie tun das für sich und wissen genau, dass ungewöhnliche Ergebnisse auch ungewöhnliche Vorgehensweisen brauchen.

Täglich neue Klebezettel

Diese Methode hilft Ihnen dabei, Ihre Vergesslichkeit zu überlisten, indem Sie pro Tag jeweils einen Ihrer neuen positiven Glaubenssätze auf einen kleinen Zettel schreiben und diesen dann dort aufhängen, wo Sie ihn tagsüber einige Male sehen werden.

Was ist das Besondere an dieser Technik?

Sie wirkt vor allem deshalb, weil Sie sich jeden Tag die Mühe machen, sich über einen Ihrer neuen positiven Glaubenssätze Gedanken zu machen, ihn auszuwählen und aufzuschreiben. Wenn Sie das nur einmal machen und dann die Zettel hängen lassen, werden diese schnell übersehen und wirken dann nicht mehr.

Schreiben Sie pro Zettel einen Gedanken auf, der Ihnen wichtig ist und den Sie sich in nächster Zeit zu eigen machen wollen, z. B.: „Es fällt mir leicht, gelassen zu bleiben." Oder: „Ich bin und bleibe gelassen, egal was passiert."

Alternativ können Sie auch Ihren Bildschirmschoner, ein PC-Hintergrundbild oder Ihren (meist frei definierbaren)

Begrüßungstext auf dem Handy nutzen, um an Ihre neuen Gedanken und inneren Dialoge erinnert zu werden.

Neue Glaubenssätze aufnehmen und anhören

Sie sprechen Ihre neuen, positiven und konstruktiven Glaubenssätze zu Gelassenheit 30-mal langsam, deutlich und eindrücklich wie bei einem wichtigen und aus tiefstem Herzen ernst gemeinten Eid auf ein Aufnahmegerät. Diese Aufnahme hören Sie sich dann jeden Morgen beim Zähneputzen, Rasieren oder Schminken an. So setzen Sie die oben genannte Idee von „Wiederholung schafft Wahrheit" konkret um.

Sie können dafür ein digitales Diktiergerät nehmen und es sich neben Ihre Zahnbürste, Ihren Rasierer oder Ihre Schminkutensilien stellen. So haben Sie die Aufnahme morgens griffbereit, haben keinen Aufwand und können gar nicht mehr anders, als die notwendigen Glaubenssätze aufzubauen.

Wieso funktionieren diese Techniken?

Denken Sie noch einmal an die bereits beschriebene, wunderbar einfache Arbeitsweise Ihres Gehirns zurück: Das Gehirn glaubt das, was es wiederholt wahrnimmt. Wenn Sie also wiederholt an die neuen Glaubenssätze denken, kann Ihr Gehirn gar nicht anders, als diese zu glauben.

Was passiert, wenn Sie das Buch nur lesen und auf eine Anwendung der Techniken dieses Kapitels verzichten?

Sie wissen jetzt zwar genau, was Sie mit Ihrem Stress tun könnten, allerdings wird Ihnen eine Anwendung der Prinzipien und Techniken schwerfallen. Denn ohne diese Techniken stehen Ihnen Ihre alten Glaubenssätze im Weg. Überlegen Sie sich daher sehr genau, ob Sie sich nicht doch die Zeit nehmen, um einer Auswahl der in diesem Kapitel beschriebenen Techniken eine Chance zu geben. Denn dann geben Sie in Wahrheit sich selbst die Chance, Ihr Leben weiter zu verbessern. Und das sind Sie wert.

Aufgaben und Denkanstöße

Vervollständigen Sie die folgenden Sätze:

- Wenn ich die Glaubenssätze erkenne, die meine Gelassenheit behindern, hat das für mich diese fünf entscheidenden Vorteile: …

- Ich führe die Übung zum Erkennen von Glaubenssätzen, die meine Gelassenheit einschränken, durch und komme dabei auf folgende Ergebnisse: …

- Umgewandelt klingen meine stärksten Glaubenssätze so: …

- Ich nutze die drei Techniken zum Einprägen meiner neuen Glaubenssätze folgendermaßen: …

- Ich nutzen die Techniken so lange, bis ich …

Ausblick

„Die anderen haben nur darüber geredet, ich habe es getan."
Christoph Columbus, Seefahrer und Entdecker

Nun haben Sie sich eine große Menge an Inspiration und Methoden angeeignet, die Ihnen eine größere Gelassenheit und damit ein wirklich erfülltes Leben ermöglichen.

Suchen Sie sich die Methoden und Ideen heraus, die am besten zu Ihnen passen. Machen Sie sich dabei bewusst, dass Sie nicht morgen oder nächste Woche gelassen sein können. Gelassen sein können Sie nur im Jetzt, also heute.

Erstellen Sie sich keine komplexen Zukunftspläne, sondern überlegen Sie, was Sie heute anwenden und ausprobieren können. So setzen Sie das Motto „Es gibt nichts Gutes, außer man tut es" in die Tat um.

Folgender Vergleich soll Ihnen abschließend ein weiteres Motiv bieten, sich täglich und intensiv für Ihre eigene Gelassenheit einzusetzen.

Das Leben eines Menschen können Sie mit den vier Jahreszeiten vergleichen. Im Frühling wird er geboren, beginnt zu sprechen und geht seine ersten Schritte und zur Schule. Im Sommer ist er energetisch auf der Höhe seiner Kraft, macht eine Berufsausbildung und ist dabei, seinen Platz im Leben zu suchen. Im Herbst wird er ruhiger, besonnen, und langsam wird ihm bewusst, dass sein Leben endlich ist. Im Winter wird er nachdenklich, schaut auf sein Leben zurück, wird weniger aktiv und ahnt, dass sein Leben bald zu Ende sein wird.

Dieser Vergleich trifft für das Leben jedes Menschen zu, wobei natürlich die Jahreszeiten unterschiedlich und nicht gleich lang sind.

> **Für Ihre Motivation:**
>
> *Werden Sie für einen Augenblick nachdenklich und beantworten Sie sich diese beiden Fragen: In welcher Jahreszeit Ihres Lebens stehen Sie gerade? Es gibt eine durchschnittliche Lebenserwartung: Wie viele Jahre haben Sie wahrscheinlich noch vor sich?*

Viele Menschen beschäftigen sich nur ungern mit ihrer Sterblichkeit, obwohl sie seit unserer Geburt feststeht und jeden betrifft. Allerdings ist diese Endlichkeit des Lebens ein wichtiges Motiv für Gelassenheit. Dieses Motiv können Sie für sich nutzen, indem Sie sich die folgende Frage beantworten und daraus Ihre Schlüsse ziehen:

Wenn Sie im Winter Ihres Lebens sind und spüren, dass Ihr Leben sich dem Ende zuneigt, was werden Sie sich dann sehnlichst, zutiefst und herzlich wünschen:

- „Wäre ich mal öfter gestresst gewesen" oder

- „Wäre ich mal öfter gelassen geblieben"?

Doch dann ist es zu spät, weil Sie Ihre Vergangenheit nicht mehr beeinflussen können – es gibt ja nur das Jetzt, den Moment.

Die Gute Nachricht lautet, dass Sie ab sofort täglich im Jetzt dafür sorgen können, dass Sie im Winter Ihre Lebens voller Zufriedenheit, Stolz und erfüllt von Glück sagen können: Ich war zwar nicht immer gelassen, aber so oft wie möglich.